中野万亀

——女性がつなぐ人材育成の系譜

佐賀学ブックレット⑪

高橋研一
Takahashi Kenichi

中野権六・万亀夫妻（中野家蔵）

海鳥社

明治中期頃の中野家住宅（中野家蔵）

中野夜学会の集合写真（中野家蔵）

婦人会救護班の実習（中野家蔵）

乳幼児健診（中野家蔵）

女子青年団の読書会員（中野家蔵）

中野家庭寮の集合写真（中野家蔵）

中野万亀——女性がつなぐ人材育成の系譜◉目次

はじめに

篤誠院と母縫

万亀の誕生と成長

中野夜学会の開設

地域の女性団体の指導者として

中野家庭寮の開設

晩年の万亀

おわりに

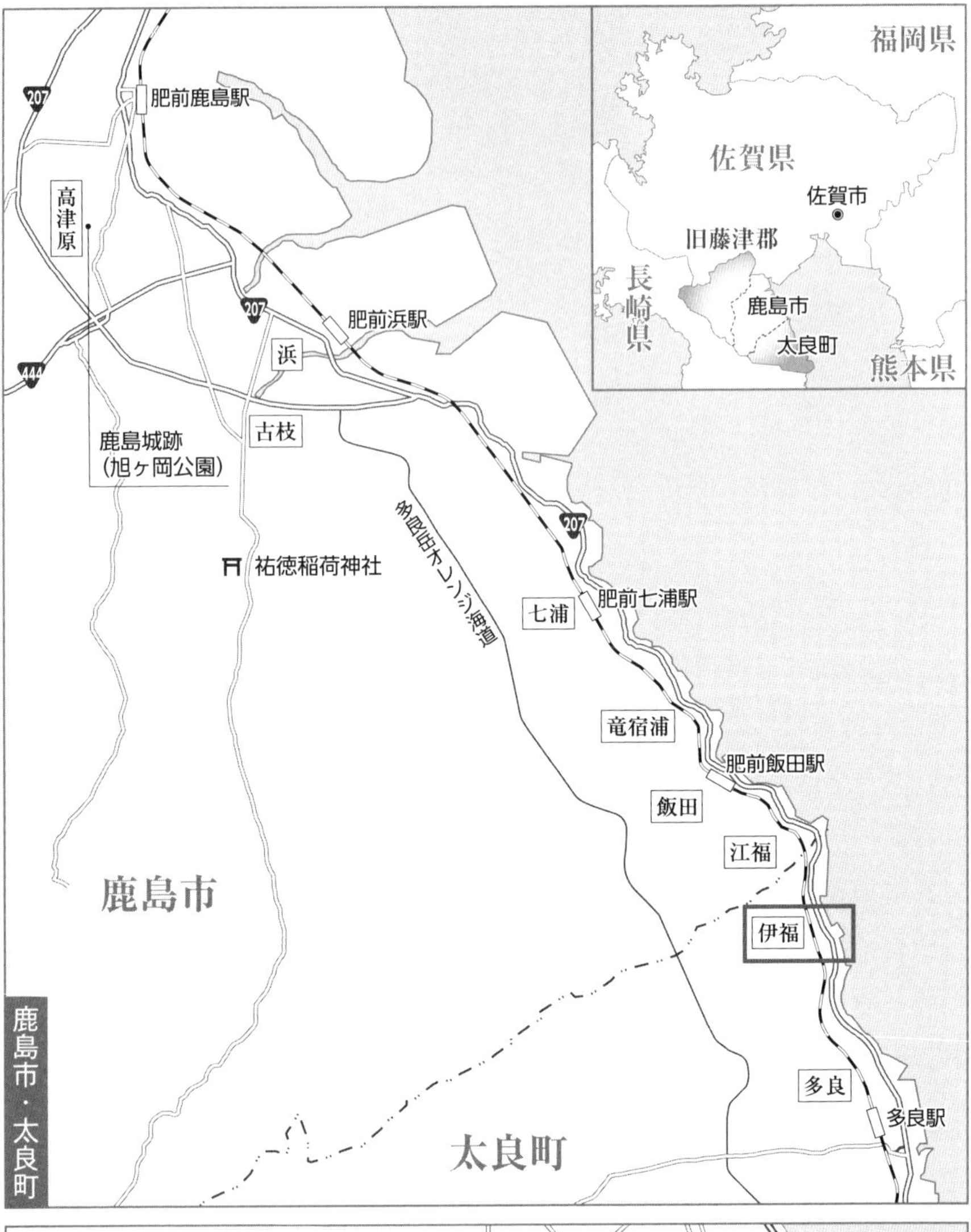

福岡県
佐賀県
佐賀市
旧藤津郡
長崎県
鹿島市
太良町
熊本県
207
444
肥前鹿島駅
高津原
肥前浜駅
浜
古枝
鹿島城跡
(旭ヶ岡公園)
祐徳稲荷神社
多良岳オレンジ海道
七浦
肥前七浦駅
竜宿浦
肥前飯田駅
飯田
江福
伊福
鹿島市
太良町
多良
多良駅
鹿島市・太良町

207
伊福川
戸口神社
中野家住宅
玉泉寺
中野万亀子先生
頌徳碑
伊福地区

佐賀学ブックレット⑪

中野万亀——女性がつなぐ人材育成の系譜

はじめに

中野家住宅（中野家蔵）

中野万亀のいま

太良《たら》町伊福《いふく》区を流れる伊福川の畔に、立派な邸宅が建っている。明治四十二年（一九〇九）に建てられ、大正期に増築された中野家住宅である。平成二十九年（二〇一七）には国の登録有形文化財に登録されている。この邸宅を舞台に、さまざまな活動を展開した女性が本書の主人公中野万亀《まき》である。

中野家住宅から伊福川に沿って河口に下ると、昭和十年（一九三五）に建てられた大きな「中野万亀子先生頌徳碑《しょうとくひ》」がある。頌徳碑の裏側には、昭和九年に記された碑文が刻まれている。

まず、その碑文の全体を紹介しよう。

慈仁篤厚ニシテ徳ヲ積ミ、善ヲ累ヌルコト、中野万亀子女史ノ如キハ蓋多カラズ矣。女史ハ明治五年七月鹿島《かしま》藩士田中馨治《けいじ》氏ノ長女ニ生レ、二十四年佐賀県立師範学校《しはんがっこう》第一回卒業、教職ニアル数年、佐賀藩士中野権六《ごんろく》氏ニ嫁スル

中野万亀子先生頌徳碑

ヤ、夙《つと》ニ部落青年ノ為ニ夜学会《やがつかい》ヲ起シ、爾来継続四十年、其教ヲ受ケタル者亦既ニ百余名ニ達シ、一村ノ中堅タル者少カラズ。又時代ノ趨勢《すうせい》ニ鑑ミ、婦人会ヲ設ケ、其智徳《ちとく》ヲ啓発《けいはつ》シ、或ハ女子青年ヲ率イテ非常救護ノ班ヲ結ビ、其奉仕的共同的ノ精神ヲ涵養《かんよう》シ、或ハ部落ノ貧困者ヲ救助シ、或ハ農繁期託児所ヲ創設シ、或ハ学校其他各種団体ノ発達ヲ後援スル等、其善為嘉行、枚挙ニ遑アラズ。是ヲ以テ、文部大臣ハ青年指導ノ功労ヲ表彰シ、県知事及中央教化団体連合会長、亦社会教化事業ノ功労ヲ表彰ス。更ニ特筆スベキハ昭和八年一月、高松宮殿下ヨリ婦人及青年教化・農村社会事業功労者トシテ、御紋章入銀製花瓶ヲ賜ハル。何等ノ光栄ゾヤ。而シテ今尚大日本連合婦人会理事及社会教育会評議員等ノ職ニ在リ。文言ニ曰ク、積善ノ家ニハ必ズ余慶アリト。女史ノ福慶、其レ子孫ニ及バン歟。中野夜学同窓諸子、胥謀テ碑ヲ建テ、文ヲ余ニ嘱ス。仍テ其概要ヲ敍ス。

昭和九年十二月

この碑文を一読するだけで、万亀が地域社会を支える人材の養成に尽くした人物であったことを十分に知ることができるであろう。その詳細はこの後の各章で取り上げるが、これだけの事蹟を遺し、大きな頌徳碑が建てられている女性は佐賀県では大変珍しく、少なくとも鹿島・藤津《ふじつ》地域における女性の頌徳碑は万亀とその母縫《ぬい》の二基しかない。

また、碑文が記された同じ昭和九年十月に佐賀県師範学校の同窓会有朋会《ゆうほうかい》は万亀の表彰祝賀会を開催している。この時に万亀が務めていた役職が次のように列記されている。七浦《ななうら》村婦人会長、七浦村女子青年団長、七浦村青年団顧問、農業実行組合顧問、七浦村経済更生委員、国防協会七浦村委員、七浦村産業組合婦人会副会長、七浦村産業組合青年連盟顧問、佐賀県社会事業協会方面委員《ほうめんいいん》、藤津郡連合婦人会副会長、佐賀県連合婦人会代議員、愛国婦人会佐賀県支部評議員、佐賀育児院評議員、大日本連合婦人会地方評議員、大日本連合婦人会理事、救護委員である。

多くの役職を兼ね、地域社会の発展に尽くした万亀だったが、戦後長い年月が経る中で、知る人ぞ知る存在へと変わってしまったのである。

近代佐賀の女性たちの姿を求めて

万亀が携わった婦人団体（婦人会）、あるいは青年女性の修養団体（処女会《しょじょかい》、女子青年団）は、半官半民の体制内婦人組織と位置づけられ、最終的には戦争遂行に協力することを余儀なくされた。そのため、戦後に顧みられることはなく、その関連資料もほとんどが散逸してしまった。これまで万亀が脚光を浴びなかったのも、晩年に戦争協力を唱えた大日本婦人会の幹部を務めたことが一因である。

（1）佐賀県女性と生涯学習財団編『さがの女性史』、佐賀新聞社、二〇〇一年

常務理事として大日本連合婦人会創立十周年記念に参加する万亀（下段中央、中野家蔵）

　しかし、歴史の研究は、史料の発掘、分析、評価の順で進まなければならない。この分野に関しては発掘と分析を抜きにして、評価のみが行われている。戦後の研究者や語り部が過度に戦時下における婦人団体の姿を否定的に記憶していたこともあるであろう。十分な裏付けのない評価の上に安住してしまい、地道に史料を掘り起こし、分析する努力が胸を張れるほど行われてきたのであろうか。万亀についても、佐賀における女性のあゆみを初めて体系的にまとめた『さがの女性史』[1]では、戦前の官製女性団体の幹部として言及された一箇所しか記述はない。万亀が地域において取り組んだことには一切目が向けられていないのである。

　地域で婦人団体や青年女性の修養団体が必要とされ、その先覚者によって実現していくには、その前段階として地域における女性の教養と自覚が存在しているのであり、この点を明らかにしていくことは、近代佐賀の歴史像・文化像をより豊かにすることである。

本書の目的

そこで、本書では、先に紹介した鹿島・藤津地域で生きた女性である中野万亀を取り上げ、近代佐賀における女性の活動とその意図、そして、それを生み出した歴史的背景を紹介する。

主に青年男女に対する社会教育事業、婦人をはじめとする地域住民を率いた地域貢献活動を取り上げていくが、こうした叙述が可能であるのは、万亀の子孫にあたる中野家の人々が大切に保管してきた史料を惜しみなく調査に提供してくれたからである。万亀が関わった佐賀の婦人団体に関する史料はほとんど散逸しており、中野家の家蔵文書がなければ、本書が実現することはなかった。

もちろん家蔵文書とはいえ、万亀の活動のあらゆる部分が残っているわけではないため、隔靴掻痒の感はあるが、本書はあくまで近代佐賀の女性たちの姿を探し求めていく出発点に過ぎないので、寛恕を願いたい。

また、筆者はいわゆるジェンダー史の専門ではない。地域の学芸員として地元に密着した立場に身を置き、日々多くの史料が静かに失われていく最前線に立っている。そうした中で、現在に託された史料が語りかけてくるものに真摯に向き合い、紡ぎ出したのが、本書で紹介する中野万亀のあゆみなのである。

篤誠院の鎧（祐徳博物館）

篤誠院と母縫

篤誠院の生涯

中野万亀《まき》が教養と見識を磨き、地域社会で活躍する下地を鹿島《かしま》に植えつけたのが鹿島藩九代藩主鍋島直彝《なおのり》の夫人篤誠院《とくせいいん》である。なお、篤誠院は夫直彝が没した後の名乗りで、それまでは篤子《あつこ》と名乗っているが、行論の都合上、篤誠院で統一して表記する。

篤誠院は寛政十一年（一七九九）七月十一日に小城《おぎ》藩七代藩主鍋島直愈《なおます》と松崎十兵衛利如の娘との間に生まれ、賀千代《よしちよ》と名付けられる。小城藩は篤誠院の誕生を佐賀藩に届け出ず、篤誠院は三歳の時に小城藩の家老西豊明（直愈の異母弟）に預けられる。何事もなければ、篤誠院は藩主の娘であることを知らず、武家の女性として一生を歩むはずであった。

その頃、篤誠院の叔父で、すでに隠居していた元鹿島藩八代藩主鍋島直宜《なおよし》は、自分の跡を継いだ養子の直彝の正室に、桃千代《ももちよ》（篤誠院の異母姉）を迎えようとする。しかし、文化九年（一八一二）に桃千代が死去してしまう。直宜はすぐに小城に出向き、西家に預けられていた賀千代を直彜の正室とするように談判し、文化十年に交渉が成立する。婚姻にあたり、小城藩は直宜に名前改めを依頼し、直宜が提案した「篤《あつ》」「都《くに》」「敬《ゆき》」から、篤誠院が「篤」を選び、篤子と名乗る。そして、文化十二年に鹿島に輿入れした[1]。

こうして篤誠院は鹿島藩主夫人となるが、文政三年（一八二〇）には直彜が隠居してしまう。そして、隠居後に篤誠院は一男一女に恵まれた。長女季子は文政六年に生まれる。のち公子と名を改める。天保十二年（一八四一）に佐賀藩の請《うけ》役《やく》当役で佐賀藩十代藩主鍋島直正《なおまさ》（閑叟《かんそう》）の庶兄にあたる鍋島茂真《しげざね》（須古《すこ》鍋島家）に後妻として嫁いだ。長男直晴《なおはる》は佐賀藩の家老神代《こうじろ》鍋島家に養子に出された後、鹿島藩に戻され、天保十年に鹿島藩十一代藩主となるが、藩主襲封後、わずか二カ月余で急逝した。

文政九年に直彜が没すると、出家して篤誠院と号した。そして、天保六年に鹿島城を離れ、城下の中小路に邸宅を建て、柏岡《かしわおか》と命名する。この後、篤誠院自身も柏岡と呼ばれるようになる。その後、明治十年（一八七七）三月十五日に七十九歳で没した。

鹿島藩を変えた篤誠院

男性である藩主の視点から書かれた年譜にみえる篤誠院の事蹟は、ありふれた

（1）「於篤様御縁組御婚礼控」佐賀大学附属図書館蔵小城鍋島家文庫

（2）「鹿島御家一件」佐賀大学附属図書館蔵小城鍋島家文庫

鍋島直彬銅像（鹿島市旭ヶ岡公園）

（3）「奉賀柏岡太夫人六十初度序」『有悔堂遺稿』

（4）「近代家譜志料」鹿島市民図書館蔵鹿島鍋島家文書

藩主夫人のようにみえる。しかし、この時期の史料を丹念に読み解いていくと、まったく違った姿がみえてくる。

篤誠院が嫁いできた頃の鹿島藩は財政が極度に悪化し、本藩の支援による存続が常態化していた。さらに、幼少あるいは病弱な藩主が相次ぐことで、藩政が不安定化していた。そのため、佐賀藩は文化十五年（一八一八）と嘉永元年（一八四八）の二度にわたり、鹿島藩を廃藩し、佐賀藩に合併することを企てる。[2]廃藩危機を招いた鹿島藩主と家臣団が当事者能力を失う中、篤誠院が実家である小城藩と緊密に連携して、佐賀藩の鹿島廃藩計画を撤回に追い込んだのである。

嘉永元年の廃藩騒動の結果、十五歳の十二代藩主直賢《なおさか》が隠居し、六歳の鍋島直《なお》彬《よし》（当時は熊次郎《くまじろう》）が鹿島藩主となった。鹿島鍋島家の最長老となっていた篤誠院は、二度と廃藩の危機を招くことがないように、幼少の直彬の教育に意を注いだ。直彬の最側近であった原忠順《ただゆき》は、篤誠院が日頃から直彬に対して、立派に成長して、祖先の遺業を受け継ぐように語りかけ、その薫陶《くんとう》を受けた直彬は学問を好み、日夜、鹿島藩のために心を砕く立派な藩主になったと振り返っている。[3]

直彬が成長を遂げると、万延元年（一八六〇）に篤誠院は自分の蔵書の中から、為政者としてのあり方を学ぶべき書物十八部（「明君智臣之言行実録等」）を選び、直彬に与えている。[4]

こうした篤誠院の薫陶を受けた直彬は、鹿島藩を代表する屈指の明君として活躍した。藩内では、原忠順を登用し、教育改革や殖産興業をはじめとする藩政改革を成し遂げた。また、佐賀藩で圧迫されていた副島種臣《そえじまたねおみ》らの志士を庇護し、佐賀藩にも大きな影響力を持つ。戊辰戦争勃発の際には、中立に傾く鍋島閑叟を説き伏せ、新政府軍へ参加させる原動力となった。明治維新後も、原忠順とともにアメリカに渡り、帰国後、明治六年（一八七三）にアメリカの政治制度の詳細な調査報告書『米政撮要《べいせいさつよう》』を出版した。明治十二年には初代沖縄県令《けんれい》に選任され、その後も華族の地方移住を建議するなど、新しい時代の華族のあり方を説き続けた。

さらに、篤誠院は藩主直彬だけでなく、藩士の教育にも注意を向け、毎年八月に柏岡内の貧楽亭《ひんらくてい》で稲の花を愛でる宴を催した。この稲花の宴は、勧農の重要性を藩士やその妻女に教育するために行った取り組みである。武家の生活は領民の生活の上に成り立っており、その領民の生活を守り、豊かにするのが政治であると説いたのである。

なお、稲花の宴の際に献じられた詩文をまとめたのが「富草集《とみくさしゅう》」である。現存するもっとも古い「富草集」は嘉永四年のもので、少なくとも嘉永四年には行われていたことがわかる。(5)

富草集（祐徳稲荷神社蔵）

（5）鹿島市民立生涯学習・文化振興財団『〈再発見〉鹿島の明治維新史』、鹿島市、二〇一八年

篤誠院作とされる鹿島錦（鹿島市重要文化財、祐徳博物館蔵）

篤誠院による女性教育

篤誠院が新しい時代の鹿島藩の担い手として厚い期待を寄せたのは直彬と鹿島藩士だけではなかった。現在、そして将来に藩士を家庭で支える女性たち（妻や娘）にも目を配っていた。

当時、藩主夫人には女中として藩士家の女性たちが仕えていた。夫人やその子供の世話や相手が主な役割だったが、現在のところ、鹿島藩を含め佐賀諸藩の奥向きや女中組織についての研究は蓄積されていない。

篤誠院の場合、鹿島藩の妻女を女中として身の回りに集め、学問・和歌・裁縫・作法・長刀などを身に付けさせている。このうちの裁縫が、現在の鹿島錦につながっているのであろう。

そして、鍛えた女性たちの婚姻を仲介し、鹿島藩を支える女性のネットワークを作り上げている。小城から女中として派遣された小城藩士藤山沢右衛門の妹智恵は鹿島藩の家老原大衛に嫁ぎ、鹿島で女中として仕えた鹿島藩士松永所右衛門の娘杣《そま》は小城藩の蘭方医宮崎元益に嫁いでいる。また、鹿島本町の本陣吉田能久の娘添《そえ》は文久二年（一八六二）に多久の儒者草場《くさば》船山《せんざん》に嫁いでいる。

このように、篤誠院は鹿島藩の女性たちを文武ともに鍛え、教養に溢れた女性に育て上げた。こうした女性がもっとも力を発揮したのが、家庭内における子供たちの教育である。藩校に通学する負担は重く、まして女性は入学することさえ許されない時代、家庭での親（特に母親）からの教育が人間形成に大きな影響を与えることはいうまでもない。篤誠院の薫陶を受けた女性たちが家庭で産み育てた子供たちが〈明君〉直彬の時代を支えたのである。(6)

追慕碑にみる縫の姿

篤誠院に直接薫陶を受けた女性のひとりが、万亀の母縫《ぬい》である。縫については、昭和十九年（一九四四）に「田中縫子刀自追慕碑《とじついぼひ》」が建てられ、その脇に事蹟を刻んだ石碑が建てられている。この追慕碑は縫の恩顧を受けた鹿島中学校（現在の佐賀県立鹿島高等学校）卒業生たちが発起人となって建てられたもので、静岡県知事となった小浜八弥《おばまはちや》や貴族院議員であった中野敏雄《なかのとしお》らが発起人に名を連ねている。

まずはその全文を紹介する。

田中縫子刀自ハ旧鹿島藩士原忠平氏ノ次女トシテ、弘化二年四月二十五日鹿島郭内ニ生ル。旧鹿島藩執政家老ニシテ、後貴族院議員タリシ原忠順翁ハ其ノ実兄タリ。幼ニシテ穎悟《えいご》、性極メテ明朗ニシテ、温情ニ富ミ、和歌ニ長ジ、大正歌人名鑑ニソノ名アリ。又鹿島錦《かしまにしき》ヲ嗜《たしな》ム。容姿端麗ナリ。長ジテ鹿島藩士田中馨治《けいじ》氏ニ嫁ス。田中氏ハ鍋島直彬公ノ信任厚ク、出テハ沖縄県創設ノ

田中縫子刀自追慕碑（鹿島市六洲荘）

（6）前掲『〈再発見〉鹿島の明治維新史』

際、同県学務課長・師範学校《しはんがっこう》長・警察部長等ニ歴任シ、帰郷シテハ藤津《ふじつ》・神《かん》埼《ざき》両郡ニ長タリ。後、鍋島子爵家ノ家令《かれい》トナリ、又祐徳稲荷《ゆうとくいなり》神社社司トナル。其ノ間、郷土ノ殖産並育英ニ力ヲ致スコト多大ナルモノアリ。当時夫ニ事《つか》ヘテ、温良貞淑、ヨク家政ヲ斉《ととの》エ、献身子女ノ養育ニ当ル。宜《むべ》ナル哉。嗣子田中鐵三郎《てつさぶろう》氏ハ我ガ国金融経済界ノ重鎮ニシテ、先ニハ日本銀行理事・満洲《まんしゅう》中央銀行総裁トシテ活躍セラレ、現在ハ朝鮮銀行総裁ノ要職ニ在リ。長女中野万亀刀自ハ多年青年団・婦人会ノ発展ニ努メ、現ニ大日本婦人会本部顧問タル外、大蔵省国民貯蓄局講師其ノ他幾多ノ奉仕的任務ニ尽瘁《じんすい》セラル。明治三十六年、夫君ニ死別セラル、ヤ、子女教育ノ傍、笈《きゅう》ヲ負イテ遠ク来リ我ガ鹿島中学ニ学ブ者ヲ止宿セシメ、慈母ノ愛ヲ以テ薫陶、之努メラレシハ、蓋《けだ》シ聖代ノ美挙タリ。当時其ノ薫陶ヲ受ケラレシ諸士ハ、今ヤ諸般ノ職域ニ亘《わた》リ、夫々《それぞれ》枢要ナル地位ニアリテ、国家ノ中核ヲ為セリ。真ニ多士済々タリ。惟《おも》フニ刀自ノ如キハ典型的日本婦人ト称スベク、温良貞淑ノ美徳ヲ以テ、良ク夫ニ事ヘ、家政ヲ斉エ、専心子女ヲ養育シ、更ニ天下ノ英才ヲ求メテ教養セラレタルハ、聖ナル女性ノ使命ヲ完全ニ体現セラレタルモノニシテ、其ノ偉大ナル蔭ノ力ト、醇美《じゅんび》ナル徳操トハ永久ニ朽チザルベシ。大正七年、刀自七十四才ノ高齢ヲ以テ歿セラレ、鹿島町高津原幽照寺《たかつはらゆうしょうじ》ニ葬ル。而シテ其ノ恩顧ニ預リシ諸士、刀自ノ温情ヲ追望スル情、転《うた》タ切ナルモノアリ。其ノ恩義ニ対

田中縫（『田中鐵三郎先生傳』）

ヘントシテ、茲ニ追慕ノ碑ヲ建テ、予ニ其ノ碑文ヲ需メラル。辞スルヲ得ズシテ、一文ヲ撰ス。蕪辞《ぶじ》或ハ刀自ノ徳ヲ傷ケ、将又諸士追慕ノ真情ヲ写シ得サルヲ虞《おそ》ル。

昭和十九年十一月吉日

佐賀県立鹿島中学校長石橋伸一謹撰

県社祐徳稲荷神社社掌木庭梢謹書

このように詳細な碑文であり、縫の生涯の概要を知ることができる。そこで、次に他の史料で補いながら、縫の生涯を紹介する。

縫の生涯

縫は弘化二年（一八四五）四月二十五日に鹿島藩士原忠平と浪子《なみこ》（奈美子、鹿島藩士犬塚貞固の娘）の次女として生まれた。直彬を支えた原忠順の妹にあたる。母浪子も「富草集」に和歌を献じるなど、篤誠院の文化圏に属していた。

「富草集」をみると、縫は安政五年（一八五八）の十四歳の時、文久三年（一八六三）の十九歳の時、慶応三年（一八六七）の二十三歳の時に和歌を献じている。昭和四十一年（一九六六）に万亀の弟田中鐵三郎が記した『田中記念館六洲荘《ろくしゅうそう》の記』には、縫は「娘時代を直彬公の祖母君（柏岡）に仕え、作法や文筆から長刀のけいこまでしつけを受けた」とある。母から直接そのように聞かされていたのであろう。碑文には、鹿島錦を嗜んでいたとの記述もあり、これも篤誠院の薫陶によるものである。

以上のことから、追慕碑には記述がないが、十代半ばから二十代半ばにかけての重要な年齢の時に、縫は篤誠院の薫陶を受けて育ったのであろう。

その後、縫は田中馨治に嫁ぐ。結婚した年代は不明だが、慶応三年八月の「富草集」には原八右衛門（忠平）娘とあり、次男久吉が明治三年（一八七〇）五月に生まれている。生年が伝わっていない長男も生まれていることから、慶応三年八月から明治二年の間に結婚したと考えられる。

馨治は天保十四年（一八四三）に鹿島藩士田中利在の子として生まれ、幼い頃から直彬に近仕していた。長崎で英学を学ぶなど遊学を重ね、慶応四年には藩校弘文館《こうぶんかん》訓導となった。明治維新後、直彬が沖縄県令になると、沖縄県の学務課長・師範学校長・警察本署長を歴任し、佐賀に戻った後は、藤津郡長・神埼郡長の公職を経て、晩年には、鹿島鍋島子爵家の家令と祐徳稲荷神社の宮司を兼務した。原忠順亡き後の直彬の最側近であった。(7)

馨治と縫の間には、明治五年七月に長女万亀、明治十六年一月に三男鐵三郎が生まれている。この間、縫は各地を転々とする馨治に同行しており、沖縄にも同行している。公務や鹿島鍋島子爵家の家政運営に忙殺される馨治に代わり、縫が

田中馨治（『田中鐵三郎先生傳』）

（7）前掲『〈再発見〉鹿島の明治維新史』

幼い子供たちの教育を担っていた。

明治三十六年九月に馨治が亡くなった後、縫は遠方から鹿島中学校に通学する生徒のために自宅を寄宿舎として提供しただけでなく、万亀や鐵三郎にしてきたように、自ら薫陶を与え、若者たちの成長を促したのである。このように、縫は晩年にいたるまで地域の教育振興に力を注ぎ、大正七年（一九一八）七月に七十四歳で生涯を閉じた。

縫が万亀と鐵三郎を育てた屋敷は、昭和四十年に鐵三郎が鹿島高校に寄附し、現在は田中記念館六洲荘となっている。

このように、縫は幼い頃に篤誠院の薫陶によって教育力を身につけ、自分の子供たちや地域の子供たちの教育に尽力した生涯を送ったのである。その縫の思いを色濃く受け継いだのが長女万亀である。

弟田中鐵三郎

なお、ここで万亀の弟である鐵三郎についても紹介しておく。

鐵三郎は明治十六年（一八八三）一月二十日に馨治と縫の三男として生まれた。鹿島中学校の第一回卒業生であり、第五高等学校（現在の熊本大学）を経て、東京帝国大学に進学した。

国際経済に関心を抱き、明治四十年に東京帝国大学を卒業した後、日本銀行に

田中鐵三郎先生寿像（鹿島市旭ヶ岡公園）

入行する。第一次世界大戦が起こると、戦時経済の調査のため、ヨーロッパに派遣された。昭和四年（一九二九）にもロンドンに派遣され、国際決済銀行創立に活躍した。そのまま、ヨーロッパに滞在し、昭和五年に国際決済銀行理事、昭和六年には国際連盟の財政委員会委員に就任している。海外生活が長く、語学にも通じていたため、海外の銀行家との関係も深かった。

その後、昭和十一年に満洲中央銀行総裁、昭和十七年には朝鮮銀行総裁に就任するなど、戦時期の財政家として活躍した。しかし、そのため、昭和二十二年に公職追放処分を受けている。ただ、その見識は高く評価され、外務省や通商産業省の顧問に招請され、中央政界で活躍した。

また、後進の教育にも関心を寄せ、昭和二十六年には佐賀育英会の理事長に就任している。先に触れたように、昭和四十年には生家を鹿島高校に寄附し、故郷の後進たちの教育施設の充実に意を砕いていた。

多くの著作もあり、回顧録である『田中記念館六洲荘の記』や『今とむかし』(8)には、万亀についての記述もみられる。

こうしたさまざまな功績を称え、昭和四十三年に鹿島高校の前に広がる旭ヶ岡公園に「田中鐵三郎先生寿像」が建てられた。その後、昭和四十九年十二月に没した。

（8）一九六八年

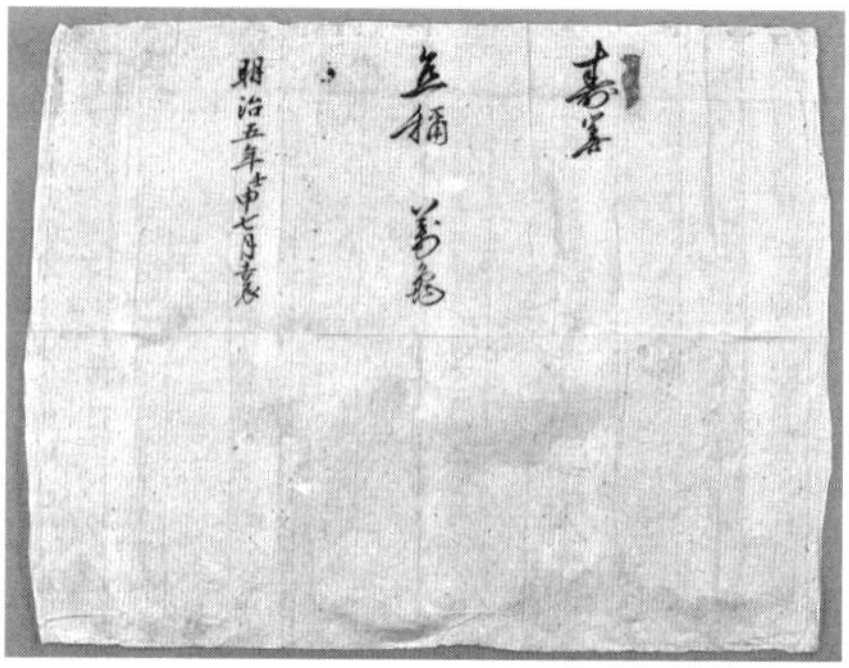

田中馨治命名書（中野家蔵）

万亀の誕生と成長

万亀の誕生

中野万亀《まき》は明治五年（一八七二）七月十六日に田中馨治《けいじ》と縫《ぬい》の長女として、鹿《か》島《しま》で生まれた。直彬《なおよし》の信頼の厚かった馨治は、明治二年の版籍奉還《はんせきほうかん》後、鹿島藩の権少参事に抜擢されるなど、重職に就いていた。

順風満帆に見えた夫妻と万亀の将来を暗転させたのが、明治七年に起こった佐賀の乱である。

鹿島藩を率いてきた鍋島直彬と原忠順《ただゆき》が東京滞在中で不在であったため、佐賀の乱に対する旧鹿島藩士族の対応は混乱し、ついに反乱に同与して出兵に踏み切った。事態を知った直彬と忠順は急ぎ帰郷し、岩倉具視《いわくらともみ》と連携して、謝罪書の提出で事態の収拾を図った[1]。しかし、馨治は責任を問われ、除族・没禄の処分を受け、姫路の刑務所に二年間収容されてしまったのである[2]。

馨治が服役を命じられた時、万亀は三歳であった。二年に及ぶ服役期間中、残された縫は幼い万亀を慈しみ、大事に育てた。縫は篤誠院《とくせいいん》のもとで学んださまざ

（1）「西下日記」祐徳稲荷神社蔵
鹿島鍋島家資料
（2）「直彬公伝」国文学研究資料館蔵
（3）中野家蔵

まな技能だけでなく、自分たちの生活を支えてくれる人たちのために何ができるのかを第一に考えるという、篤誠院がもっとも大切にしていた考えを年齢に応じて万亀に教え諭したのであろう。大正十五年（一九二六）の篤誠院五十年祭の際に、万亀は次のような和歌を詠んでいる。[3]

　五十とせの君か昔をしのひつゝけふのみまつり仰くかしこさ

万亀が母縫を通して、篤誠院の考えをしっかりと継承し、実践していることを読み取ることができる。

なお、服役を終えた馨治は、直彬の厚い信頼もあり、ふたたび旧鹿島藩士を束ね、直彬を支えることになる。

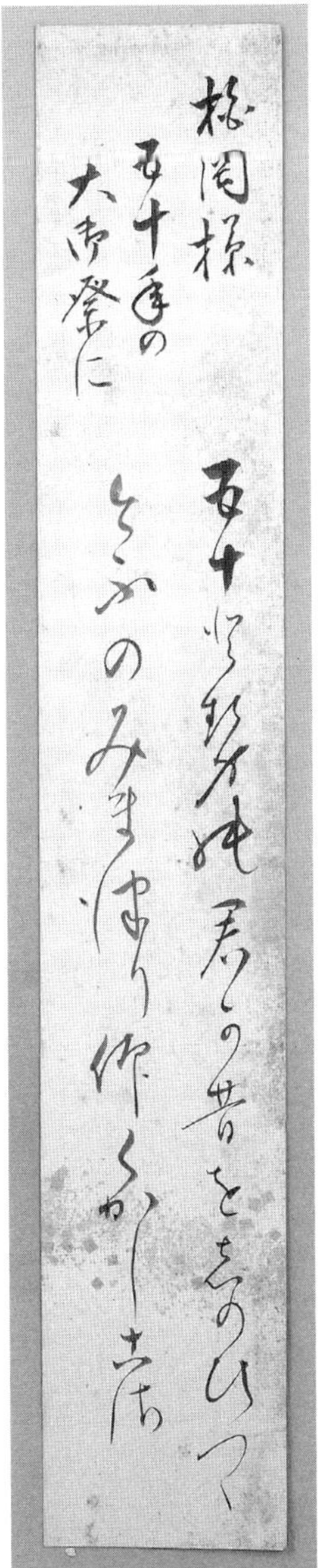
柏岡五十年祭の際に詠んだ万亀の和歌

高津原小学校への入学

明治十二年（一八七九）四月に鍋島直彬が初代沖縄県令《けんれい》に任命されると、原忠順や田中馨治をはじめ多くの旧鹿島藩士が同行して、県政を担った。その際、直彬が妻藹子《あいこ》を同伴していたため、旧鹿島藩士たちも妻子を連れて沖縄に渡っている。馨治も妻縫を同伴しており、縫は沖縄での藹子を支えている。(4) 恐らく八歳になっていた万亀も母について、沖縄に渡ったと考えられる。

明治十四年に直彬が沖縄県令を更迭され、藹子は鹿島に戻っている。その後も、馨治は明治十六年まで沖縄県に務めている。縫が藹子と馨治のいずれの帰郷の際に同行したかは不明だが、縫と万亀の母子は短ければ二年、長ければ四年の沖縄での生活を送ったことになる。

鹿島に戻った万亀は、明治十八年に十四歳で高津原《たかつはら》小学校の中等科を卒業している。当時の小学校は三学年の初等科と三学年の中等科からなっていた。万亀が学んだ高津原小学校は明治六年に設立され、当初は旧民家を校舎としていた。のち明治十八年に行成《ゆきなり》小学校・重ノ木《じゅうのき》小学校と合併して、立教《りつきょう》小学校と称し、校名の変遷を経て、現在は鹿島小学校となっている。(5) 現在、鹿島小学校に伝来している史料は、明治十八年の立教小学校成立以降のものであるため、万亀がいつ入学したのかは不明である。

万亀が卒業した直後の明治十八年度の記録にはなるが、佐賀県の学齢女子の総

(4)「日記」祐徳稲荷神社蔵鹿島鍋島家資料

(5)「鹿島小学校沿革誌」鹿島市立鹿島小学校蔵

（6）佐賀県教育史編さん委員会『佐賀県教育史第二巻資料編二』、佐賀県教育委員会、一九九〇年
（7）太良町『太良町の先覚者』、太良町、一九八六年
（8）前掲『〈再発見〉鹿島の明治維新史』

数は四万一七七〇人で、このうち就学していたのは九〇三七人に過ぎない。就学率は約二十一パーセントである。男子の就学率が約六十三パーセントに達しており、その三分の一にしか過ぎなかったのである。(6) また、教育費は自己負担であり、資産にゆとりのある家庭の女子でなければ、小学校に進学することは難しかった。

山口竹一郎への師事

明治十八年（一八八五）に高津原小学校を卒業した万亀は、その後、山口竹一《やまぐちたけいち》郎《ろう》に漢文を学んだとされる。(7)

竹一郎は嘉永二年（一八四九）に鹿島藩士山口登《のぼる》の子として生まれた。大村の松林飯山《まつばやしはんざん》や日田の広瀬林外《ひろせりんがい》（咸宜園《かんぎえん》）に学び、鹿島藩を担う逸材として期待された。原忠順・八沢棣之進《やざわていのしん》に次いで、鹿島藩士として三人目の昌平黌《しょうへいこう》への入門が計画されるが、諸般の事情で果たすことができなかった。(8) 明治維新後は藩校とその系譜を引く弘文館《こうぶんかん》・鹿島義塾《かしまぎじゅく》で教授にあたった。明治二十年から明治二十六年にかけては立教小学校の校長を務め、明治三十年に亡くなった。

このように、竹一郎は幕末期から明治中期にかけて、漢詩文に通じた鹿島を代表する教育者であった。その竹一郎に万亀は師事したのである。当時、女性が漢詩文を学ぶことは珍しく、のち万亀が夫中野権六《ごんろく》の遺稿集『楽山遺稿《らくざんいこう》』を編纂《へんさん》する素養はこの時に培われたのである。

佐賀女子師範時代の万亀（中野家蔵）

明治二十年になると、父馨治は神埼《かんざき》郡長に任じられ、妻や幼い鐵三郎《てつさぶろう》を連れて赴任しているが、この時、万亀も同行している。

佐賀県尋常師範学校女子教員養成所への入学

竹一郎への師事を経て、万亀は教員を志すようになる。明治前期において、意欲と才能に溢れる女性が新たに社会的に進出できる分野となったのが教育と医療であった。特に、政府も小学校の教員には女性が適しているとして女性教員の養成に力を入れていた。

佐賀県では、教員養成を目的とする師範学校《しはんがっこう》を明治十七年（一八八四）に設立し、明治十九年には佐賀県尋常師範学校と改称していた。現在の佐賀大学教育学部の源流のひとつである。

明治二十一年四月、万亀は佐賀県尋常師範学校女子教員養成所《じょしきょういんようせいじょ》に入学した(9)。当初、佐賀県尋常師範学校の入学資格者は男子のみであったが、女子の就学を普及させるためには女性教員の創出が急務とされ、明治二十一年三月、女子教員養成所が付設されたばかりであった(10)。万亀は第一期生として女子教員養成所に入学したのである。

女子教員養成所の定員は二十名で、修業年限は二年だった。入学資格は十八歳

（9）前掲『太良町の先覚者』
（10）佐賀県教育史編さん委員会『佐賀県教育史第四巻通史編 二』、佐賀県教育委員会、一九九一年

（11）前掲『佐賀県教育史第四巻通史編二』

（12）「小学校教員免許規則」前掲『佐賀県教育史第二巻資料編二』

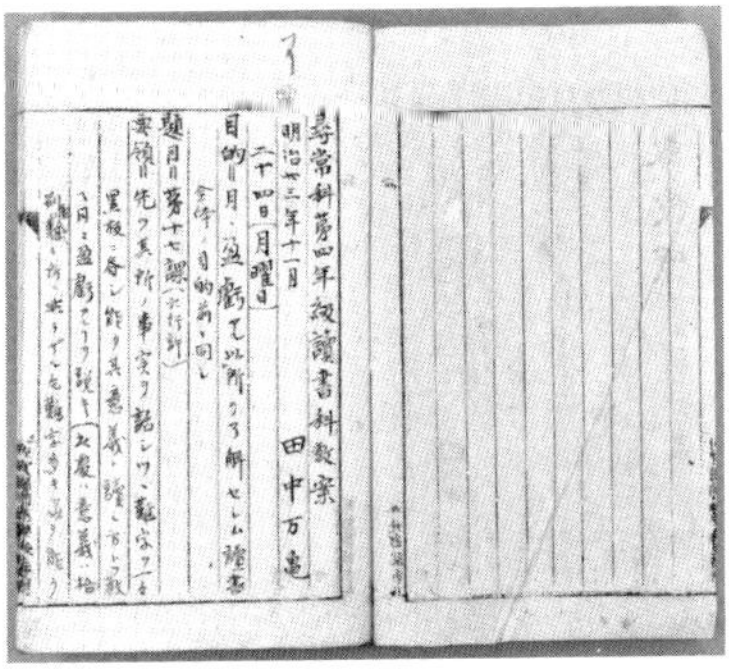
万亀が作成した教案（中野家蔵）

以上で、郡長の推薦が必要であった。万亀は神埼郡長である父馨治の推薦を得て、入学試験を受けている。試験に合格した生徒は佐賀市水ヶ江の寄宿舎で集団生活を送り、学費は給与されていた。しかし、卒業後、三年間は郡長が指定する小学校に奉職することが義務づけられていた[11]。

中野家には、女子教員養成所在学中の明治二十一年から翌明治二十二年にかけて万亀が書写した教科書が伝来している。理科分野の教科書（「理科」「物理学」「金石学」「動物学」）や「土佐日記」があり、万亀の学習の過程を知ることができる。

明治二十三年四月、女子教員養成所は廃止され、尋常師範学校女子部が新設された。修業年限は三年で、女子教員養成所の第二学年の生徒は尋常師範学校女子部の第三学年に編入されることになった。この時、万亀は尋常師範学校女子部に編入学した。

小学校教員の免許取得には師範学校附属小学校での実地授業（教育実習）が必要であった[12]。万亀は、明治二十三年十一月から翌明治二十四年二月にかけて、佐賀県師範学校附属小学校（現在の佐賀大学教育学部附属小学校）で実地授業を行っている。万亀は実地授業の際に作成した教案を終生大切にしており、中野家に四冊の教案が伝来している。この教案によると、万亀は明治二十三年十一月から明治二十四年一月にかけて尋常科四年生の読書科・習字科・唱歌科、二月には簡易科一年生の算術科・作文科の実地授業を行っている。

そして、明治二十四年三月に尋常師範学校女子部を卒業した。万亀を含めた九人の第一回卒業生が、佐賀県で師範学校を卒業した女性正教員の第一号である。(13)

教員としての生活

明治二十四年（一八九一）三月に師範学校女子部を卒業した万亀は、四月に佐賀県師範学校附属小学校の訓導に任命された。

明治二十年に佐賀県が定めた小学校教則では、女子の教育課程に裁縫科を設けることが推奨されていた。(14) しかし、ほとんどの場合、各学校で具体的に裁縫科の課程を定めて、教科を運営する担い手がいなかった。(15)

師範学校を卒業した万亀が最初に任されたのが、附属小学校の裁縫科の課程を定めることであった。万亀は、「附属小学校裁縫科教授細目草案」を作成し、明治二十四年度は尋常科三年から高等科二年の女子に裁縫を教授している。(16)

この間、附属小学校訓導のかたわら、万亀は糸山貞幹《いとやまさだもと》に国文学を学んでいる。(17) 糸山は藩政期以来の神道家・国学者で、明治維新後も、田島《たしま》神社などの神職を務めたほか、佐賀中学校や佐賀師範学校の教員になっている。

万亀は明治二十五年に七浦《ななうら》村伊福《いふく》の中野権六と結婚すると、翌明治二十六年四月、伊福に近い多良《たら》尋常高等小学校（現在の多良小学校）に転任した。多良尋常

(13) 前掲『佐賀県教育史第四巻通史編 二』
(14) 前掲『佐賀県教育史第二巻資料編二』
(15) 鹿島市域でみると、明治二十七年に鹿島小学校、明治二十九年に七浦小学校、明治三十年に古枝小学校、明治三十一年に能古見小学校で、裁縫科が加設されている。
(16) 中野家蔵
(17) 前掲『太良町の先覚者』

高等小学校は多良小学校と糸岐《いとき》小学校が統合して、明治二十五年に発足したばかりであった。しかし、明治二十七年には退職し、後述するように、地域の青年や女性たちのための取り組みに専心することになる。

ただ、教職には未練もあったようで、奈良女子高等師範学校（現在の奈良女子大学）が開設されたのを聞いて、そこで学べなかったことを悔しがっていたとの話も伝わっている。(18)

中野権六との結婚

明治二十五年（一八九二）四月、万亀は伊福の名士《めいし》中野権六と結婚した。この時、万亀は二十一歳、権六は三十二歳であった。

伊福は江戸時代、佐賀藩士神代《くましろ》家の所領であった。川久保《かわくぼ》（佐賀市久保泉町）に拠点を構える神代家が遠隔地にあたる飯田《いいだ》村（江福《えふく》を含む）・伊福村を統治するため登用したのが地元の中野家であった。明治十一年時点で、人口六二九人、一四三軒の小さな集落であった。(19)

中野家は、近世以来の地域の大地主で、地域の政治や経済を主導し、産業や教育の振興を図る名士（地方名望家《ちほうめいぼうか》）であった。所有地は七浦村だけでなく、多良村・大浦村に広がり、所有地や収穫物を管理する家産組織を有していた。時期が下るが、昭和六年（一九三一）時点で、一一一〇町の田畑を所有し、ほとんどを

(18) 豊増幸子「中野万亀子」『新肥前おんな風土記』、佐賀新聞社、一九九四年
(19) 「郡村戸数人口並字調査」佐賀県立図書館蔵佐賀県明治行政資料

（20）「昭和六年度村所得申告」中野家蔵

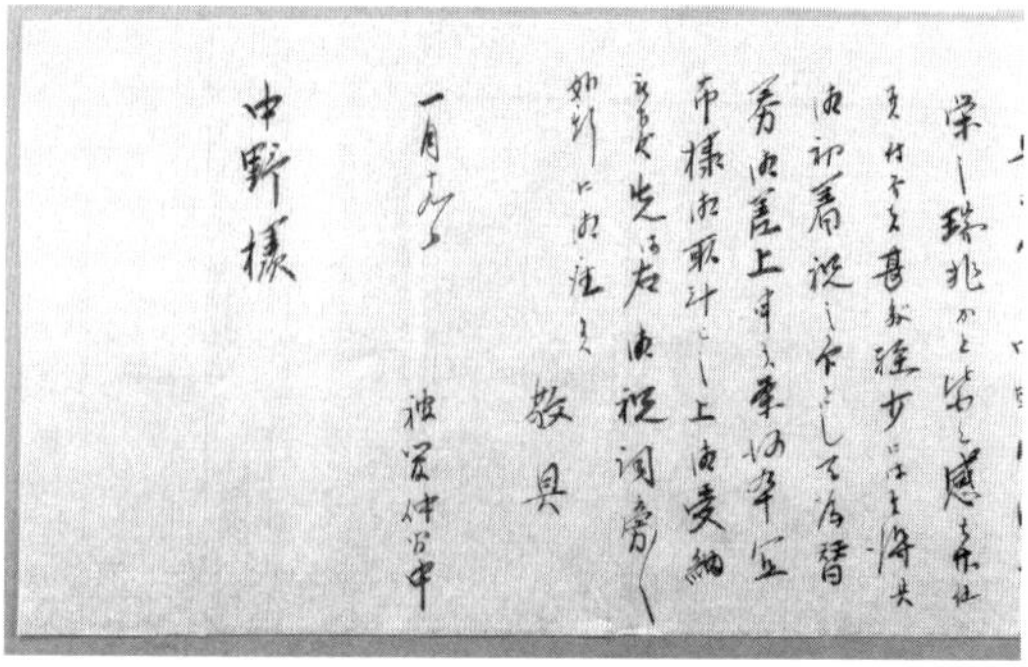

被官仲間中の書翰（中野家蔵）

（21）『郡勢大観』、民友社出版部、一九二六年

貸し付けている。所有地の約七〇パーセントは多良村に集中しており、地元の七浦は十五パーセントに過ぎなかった。[20]その関係もあり、中野家は七浦村よりも多良地域との関わりが強かった。権六ものちに多良金融株式会社の社長に就任している。

こうした中野家を支える中核となったのが、代々仕える被官《ひかん》（被官仲間）である。昭和九年に万亀の頌徳碑《しょうとくひ》を建設した際、玉垣《たまがき》を寄進した被官仲間は十五名で、すべて伊福の人物である。中野家の家政運営を担う被官は世襲であり、中野家としても、将来の家政運営を担う被官の子供たちに対する教育の充実はきわめて重要であった。権六、そしてその父吉高《よしたか》がともに学務委員《がくむいいん》に就任し、権六は明治四十年に伊福青年会を設立するなど、中野家は一貫して地域の教育に強い関心を寄せていた。

権六は文久元年（一八六一）六月十三日に生まれ、鹿島藩に招かれていた儒学者谷口藍田《たにぐちらんでん》に学んだ。その後、明治十八年に単身アメリカに渡り、サンフランシスコで十九世紀新聞を主宰し、明治二十三年に帰国した後は横浜で雑誌「進歩」を主催するなど、ジャーナリストとしても活躍した。[21]

万亀と結婚した明治二十五年には帰郷しており、四月から鍋島直彬が経営する私立中学校である鎔造館《ようぞうかん》で英語を教授するなど、教育者として後進の指導にあたっていた。なお、鎔造館の校長には万亀の父田中馨治が就任している。その後、明治三十八年には県会議員に当選し、大正五年（一九一六）には佐賀毎日新聞の社長に就任している。また、地元の有志たちと京城共同株式会社を設立して、朝鮮半島で事業を行うなど、地域の政財界の中心的な人物として活躍した。

こうした開明的な思考を持つ権六とそのように育てた両親だからこそ、万亀が行うさまざまな取り組みに理解を示し、惜しみなく協力したのである。

万亀と権六の関係が生じた経緯は不明であるが、可能性として考えられるのは、万亀の父田中馨治が藤津《ふじつ》郡長となり、その任期中に鹿島から多良に到る県道の開《かい》鑿《さく》事業を行っていることである。伊福はその途次に位置し、鹿島と多良双方に関係が深く、開通によって多大な恩恵を受ける中野家は、県道開鑿事業を積極的に支援していた(22)。そうした親同士の交流の中から、婚姻話が浮上したのではなかろうか。権六はアメリカから帰国した直後の書翰で(23)、結婚については両親の意向に従うと述べていることも、それを裏付ける。なお、県道開鑿の功績を称えた馨治の頌徳碑（正七位田中馨治君記念碑）が昭和七年に多良町に建てられている。

（22）池田毅編『藤津郡人物小志』、祐徳文庫、一九三一年

（23）明治二十三年八月三日付綾部伝四郎宛中野権六書翰、中野家蔵

中野権六（中野家蔵）

「正七位田中馨治君記念碑」除幕式（中野家蔵）

鍋島藹子と万亀（中野家蔵）。中央に座るのが藹子、その後に立つのが万亀

その後、伊福区が属する七浦村は、昭和三十年に鹿島市との合併を決定するが、経済的・文化的にも太良《たら》町とつながりの深かった伊福区のみは太良町と合併することになった。

鹿島鍋島家と万亀

伊福の中野家に嫁いだ後も、万亀と鹿島とのつながりは途切れることはなかった。

江戸時代に鹿島藩主であった鹿島鍋島家は、明治維新以後も、鹿島の中川《なかがわ》に邸宅を構え、子爵家として地域社会に大きな影響力を持っていた。

最後の藩主鍋島直彬の妻藹子は、文久元年（一八六一）に直彬に嫁ぎ、篤誠院から藩主夫人としてのあり方、なによりも鹿島を守り育てるための女性教育の重要性を教え込まれた。

篤誠院の薫陶《くんとう》を受けた藹子は、明治時代に入ると、女子教育の振興・普及（鹿島高等女学校の創立）に努めるとともに、愛国婦人会・赤十字のとりまとめ役となるなど、鹿島の女性たちを束ねていた。慈善事業（鹿島共同養生所《かしまきょうどうようじょうじょ》・鹿島済貧会《せいひんかい》の設立）にも取り組み、鹿島鍋島家が代々大切に育ててきた和歌文化の庇護者、鹿島錦《かしまにしき》の伝承者でもあった。鹿島鍋島家の家長である直彬では担えない部分を補い、支える立場にあったのであり、直彬は藹子について、家長を支え、時には代行する副家長であると位置づけている。

このように、藹子は藩政期以来の由緒をもつ名士層の女性たちをつなぐ結節点となっていたのである。

万亀が嫁いだ七浦村は、藩政期は佐賀藩領であったため、地域としては鹿島鍋島家とのつながりは薄かったが、有力な鹿島藩士家の出身である万亀は鹿島鍋島家とも親密な交流をもっていた。記録にあるだけでも、明治四十年（一九〇七）と昭和四年（一九二九）に藹子が万亀の屋敷を訪れている。[24] また、万亀もたびたび中川屋敷を訪れ、藹子に面会している。[25]

(24)「御年譜直彬」、「宿直日記」

(25)「宿直日記」鹿島市民図書館蔵鹿島鍋島家文書

文事の素養

万亀が教員となるための勉強とともに励んだのが、文事の素養を培うことであった。先に触れたように、漢文を山口竹一郎に学び、国文学を糸山貞幹に学んでいる。

万亀は漢詩文を詠む際に、玉渓《ぎよくけい》という雅号を用いている。多良村長を務めた漢詩文人中尾誠之（雅号は春峰《しゆんぽう》）は、万亀について、「有文学之素、読漢詩、能和歌」、すなわち文学の素養があり、漢詩や和歌に通じている人物と高く評価して

(26)『楽山遺稿』

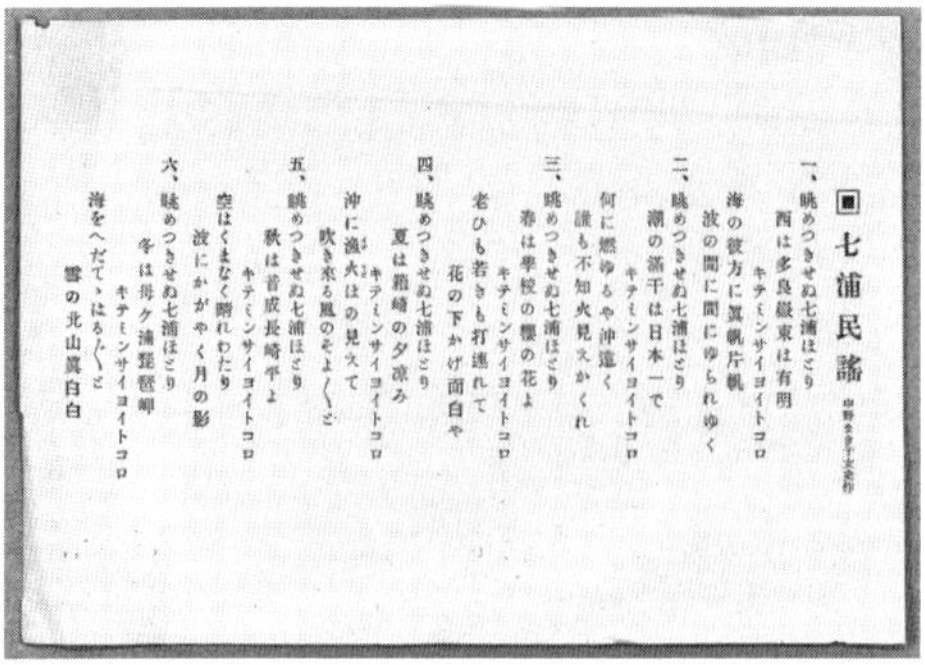
■七浦民謡　中野まき子女史作

一、眺めつきせぬ七浦ほとり
　西は多良嶽東は有明
　　キテミンサイヨイトコロ
海の彼方に翼帆片帆
波の間に間にゆられゆく

二、眺めつきせぬ七浦ほとり
　潮の满干は日本一で
　　キテミンサイヨイトコロ
何に燃ゆるや沖遠く
誰も不知火見えかくれ

三、眺めつきせぬ七浦ほとり
　春は学校の櫻の花よ
　　キテミンサイヨイトコロ
老ひも若きも打連れて
　花の下かげ面白や

四、眺めつきせぬ七浦ほとり
　夏は箱崎の夕涼み
　　キテミンサイヨイトコロ
沖に漁火ほの見えて
吹き来る風のそよ〳〵と

五、眺めつきせぬ七浦ほとり
　秋は音成長崎平よ
　　キテミンサイヨイトコロ
空はくまなく晴れわたり
　波にかがやく月の影

六、眺めつきせぬ七浦ほとり
　冬は母ケ浦琵琶岬
　　キテミンサイヨイトコロ
海をへだてゝはる〳〵と
　雪の北山眞白白

七浦民謡（中野家蔵）

いる。(26)

そのことを象徴するのが、昭和五年（一九三〇）に謧子の米寿を祝って編纂された『寿帖《じゆちょう》』において、勝屋明濱《かつやめいひん》をはじめとする海鷗吟社《かいおうぎんしゃ》（鹿島の漢詩文人結社）の錚々《そうそう》たる面々と並んで、万亀が唯一女性で漢詩を献じていることである。また同年、泉会《いずみかい》（鹿島の歌人結社）が刊行した和歌集『白水集《はくすいしゅう》』では、万亀の和歌が巻頭と巻末に据えられていることも、鹿島の歌壇における万亀の高い位置づけを物語っている。

万亀の文事に対する造詣の深さを端的に示すのが、亡夫権六の漢詩文集『楽山遺稿』の編纂・刊行である。女性が編纂した漢詩文集は珍しく、万亀は漢詩文集の刊行が文事を嗜《たしな》んだ故人に対する遺族の重要な責務であることをよく理解していたのである。

残念ながら、万亀自身の和歌や漢詩文は、個人の歌集としてまとめられていない。わずかに自筆でしたためた短冊や色紙として遺されているのみである。今後、万亀の和歌や漢詩文が発見されることで、近代鹿島を代表する女性歌人である万亀の意義と評価が高まっていくことが期待される。

なお、時期は不明であるが、万亀は七浦の名所（箱崎《はこざき》、長崎平《ながさきびら》、琵琶岬《びわんこう》など）を詠み込んだ「七浦民謡」を作詞・作曲している。当時の七浦の風景を想起させるとともに、万亀がこよなく七浦の風景を愛していたことがうかがえる。

中野夜学会の開設

明治前期の地域の青年たちと夜学会・夜学校

中野家に嫁いだ万亀《まき》が最初に取り組み、生涯を代表する事業となったのが地域の青年たちのために開いた中野夜学会《やがっかい》である。

この時期、農村における青年のあり方が大きな課題として浮上しつつあった。地域における青年の集団（若連中・若衆組・若者仲間など）は、江戸時代を通じて、村の治安維持や年中行事・神事の運営を担っていた。しかし、明治維新後の急速な近代化によって、村における役割を次々と失い、社交娯楽の分野だけが残され、次第に廃頽《たいはい》した姿とみなされるようになったのである。

こうした青年のあり方に危機感を覚え、最初に起ち上がったのが、山本瀧之助《やまもとたきのすけ》である。広島県千年村《ちとせ》（現在は福山市）の教員であった山本は、日清戦争の際、千年村の青年会が作った草鞋《わらじ》を献納し、明治二十九年（一八九六）には『田舎青年』を出版するなど、国や地域社会に新しい青年会の姿を印象づけた。その後の山本の働きにより、次第に各地に青年会が設立され、明治三十八年には文部省が全国各地に青年団体を設立するよう奨励するに至ったのである。この山本の動きを受けて、大正期に田澤義鋪《たざわよしはる》が全国に青年団運動を広めていくことになる。(1)
こうした青年団運動が全国に広まるよりも前に、万亀は自宅で夜学会を開き、長きにわたり、自ら青年の指導と教育にあたったのである。

夜学会、あるいは夜学校は、昼間に仕事をしている青年たちを夜間に集めて教育を行う組織のことであり、明治期によくみられた教育のあり方である。経営の主体も、行政の場合もあれば、個人の有志の場合もあり、また課程を定めた教育組織もあれば、自主的に集う緩やかな組織もあるなど、多様な形態があった。新《に》渡戸《とべ》稲造《いなぞう》が明治二十七年に札幌で開いた遠友《えんゆう》夜学校などがよく知られている。

鹿島《かしま》地区でみると、多くの漁業従事者を抱える八本木《はちほんぎ》村（のち浜町）では、小学校が主体となり、明治四十三年に漁業部と農業部の二つの青年夜学会を設立している。(2) また、古枝《ふるえだ》村でも大正七年（一九一八）から小学校が主体となり、村内各区の青年倶楽部で青年夜学会を始める。そして、翌大正八年には学則を定め、小学校に古枝村立農業補習学校を設置し、各区の夜学会を一元化している。(3)

このように、夜学会が小学校卒業者を対象とした実業教育として始まり、やがて実業補習学校として制度化されていくのが全国的な傾向であった。

しかし、中野夜学会はこうした夜学会と一線を画する存在であった。

（1）河島真・高橋研一『田澤義鋪〜今につながる政治教育の〈源流〉〜』、鹿島市民立生涯学習・文化振興財団、二〇二一年

（2）「浜小学校沿革誌」鹿島市立浜小学校蔵

（3）「古枝村立農業青年学校沿革誌」鹿島市立東部中学校蔵

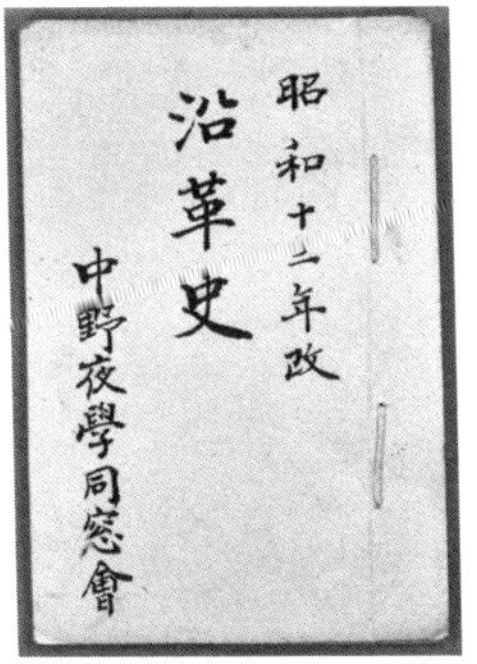

中野夜学会の「沿革史」（中野家蔵）

中野夜学会の開設

中野家には、中野夜学同窓会が編纂《へんさん》した昭和八年（一九三三）の「行事録《ぎょうじろく》」と昭和十三年の「沿革史《えんかくし》」が伝来しており、そのあゆみを詳細に知ることができる。明治二十五年（一八九二）十二月、万亀は嫁いだばかりの中野家で、夫権六《ごんろく》と義父母の理解を得て、中野夜学会を開設した。この時、万亀はまだ二十一歳であった。

この頃は急速な都市化が進む前で、多くの青年たちが義務教育の四年間を終えると、農村に居住していた（義務教育の年限が六年間となるのは明治四十年）。こうした農村の青年こそが産業・軍事などのあらゆる面で国家の中堅を担う存在であったが、当時の教育は初等教育の充実に偏っており、小学校を卒業した青年たちに対する補習教育や社会教育はほとんど行われていなかった。

伊福《いふく》に嫁いだ万亀は、中野家と学校を往復する道中で、わずか十歳で教育制度の枠外に置かれ、自分の可能性を切り拓いていくために必要な学習の機会を与えられず、日々家事手伝いにいそしむ翳《かげ》りを帯びた表情の青年たちを数多く見かけた。こうした青年たちの姿を目の当たりにし、自分に何ができるかを自問自答し、将来の農村の中堅を担うべき人材の学習機関として、夜学会の開設に立ち至ったのである。

それでは、日本で農村青年に対する取り組みが行われていない中、万亀は夜学生に対して、何を手本として示したのであろうか。それは、デンマークの農村青年たちであった。(4) バルト海の大国であったデンマークは周辺諸国との戦争で、豊かな農村地帯を次々と喪失していった。一八六四年のデンマーク戦争（第二次スリースヴィ戦争）敗戦後、デンマークは対外戦争による領土回復ではなく、残された土地の開墾と農村における教育の充実により、豊かな農業国家としての再建を果たした。(5)

国家を支える自負とそれを満たす教育こそが農村青年に必要であり、デンマークの農村青年の話を通じて、万亀はそのことをいち早く見抜いたのである。

なお、万亀がどのようにしてデンマークの農村青年にたどり着いたかを明確にしたものはないが、おそらく夫である権六によってもたらされた可能性が高い。権六は日本の根幹は農業であると考え、アメリカ滞在中、世界各国の農業や農村教育に関する情報を収集していた。(6) その中にデンマークが含まれており、結婚後、万亀は中野家の書斎でそれに触れたのではないだろうか。

中野夜学会での万亀

中野夜学会について、万亀の弟鐵三郎《てつさぶろう》は、農村子弟の「自修《じしゅう》」を奨励するために自宅で開いたものだと記している。(7) 万亀は「自修」、すなわち自分の意志で主体的に学び、成長する環境を提供したのである。

（4）「沿革史」中野家蔵。「沿革史」は、『祖国は農業によって救はるべく、農業は青年の心田を開拓することから始めなければならぬ』と叫んで、誠と愛とを土台に世界無非の農業国を建設したのは北欧の小国デンマークの青年達でありました」との書き出しから始まる。

（5）井上光子「デンマーク近代国家の光と影」橋本淳編『デンマークの歴史』、創元社、一九九九年

（6）明治二十二年十二月十八日付中野吉高宛中野権六書翰など。中野家蔵

（7）『国際経済の片影』

中野夜学会の書箱（中野家蔵）

（8）「沿革史」中野家蔵

（9）「祝辞集」中野家蔵

（10）「沿革史」中野家蔵

具体的には、青年たちが読む必要があると考えた書物を揃え、提供している。残念ながら、当時の書物や蔵書目録《ぞうしょもくろく》がないため、具体的にどのような書物が読まれていたかは不明であるが、書物を入れた書箱だけが現在も残されている。また、幅広い社会の知識を吸収させるため、当時の農村では珍しかった新聞も数種類取り寄せ、自由に閲覧させている。

そして、必要に応じて、万亀が漢文・珠算・作文・書道などを熱心に教授したのである。このうち、教授した書物として判明しているのは『通語《つうご》』『近古史談《きんこしだん》』『日本外史《にほんがいし》』といった歴史書である。[8] その後は、分野を広げ、政治・経済など公民必須の科目も教授した。[9]

このように、夜学生たちは、共同で書物を読み、学習し合うなど、主体的に中野夜学会に参加し、学んでいたのである。

後年、万亀の頌徳碑《しょうとくひ》除幕に際しての祝辞の中で、万亀を「誠ニ社会教育ノ先駆者、農村青年指導ノ鼻祖《びそ》」と評しているが、決して過分な評価ではないだろう。

このような中野夜学会は、夜明け前に星を見ながら農作業に出かけ、月影を踏みながら家路をたどる農村青年たちにとって、なによりの生きがいとなっていた。[10] そして、青年たちはともに学び、自由に知識を吸収する充実した時間を過ごした後、翌朝帰宅するのが恒例となったのである。

（11）「行事録」中野家蔵

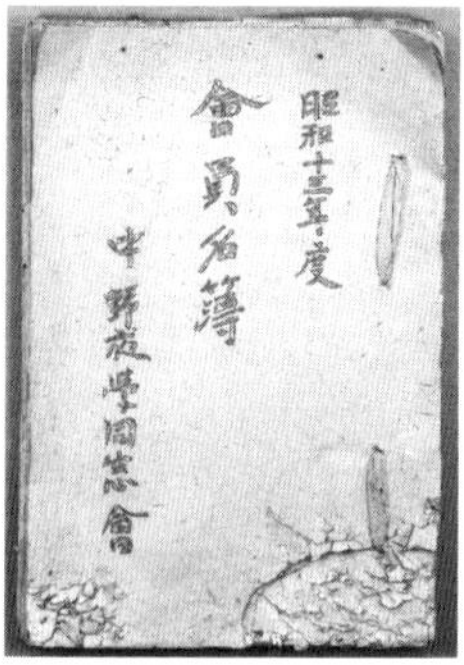
中野夜学同窓会の「会員名簿」（中野家蔵）

中野夜学会の生徒たち

　明治二十五年（一八九二）十二月に中野夜学会が開設された時、一人の青年が入会している。[11] 昭和十三年（一九三八）度に中野夜学同窓会が編纂した「会員名簿」によると、明治二十五年に入会したのは、十三歳の澤山善一と十七歳の中村竹次郎の二人である。この両名のうち、いずれかが最初の生徒ということになる。また、会員名簿によって、生年と入会年が判明する人物をみていくと、夜学会に入会した時の年齢の平均は十六・四歳である。最年少は十一歳で、最年長は二十四歳である。入会者はほぼ地元の伊福の青年男子であり、女性はみられない。

　毎年入会があるわけではなく、入会者がない年が続くこともある。例えば、明治二十五年に開設し、二人が入会した後、次の入会者がみられるのは明治三十一年まで間隔が開いている。明治三十年代後半になると、毎年のように入会者がみられるようになる。同窓会名簿が作られた昭和十三年にも三名の青年が入会している。

　なお、中野夜学会の生徒のうち、中野家を支える被官《ひかん》仲間の家族であることが明確なのは六名であり、開設年に入会し、その後も同窓会の会長として頌徳碑建設の中心となった中村竹次郎はその一人である。このほかにも被官の子供と思われる人物も散見されるため、被官と関わりのある夜学生は相当な割合を占めていたと考えられる。

中野夜学会の募集方法は不明であるが、こうした入会者の状況からは、伊福の青年を網羅した組織ではなく、意欲を持った有志たちが自分の意思で集い学ぶ組織であったことがうかがえる。

また、自発的に集う教育組織であったため、試験も卒業もなく、自分の意思で年齢に応じて巣立っていった。兵役に服し、入営するタイミングが多かったようである。

各地の夜学会が実業補習学校に統合されていく中、七浦村《ななうら》でも明治三十五年に小学校に実業補習学校が設置された。しかし、実業補習学校は入学者が少なく、すぐに廃止された(12)。

このように、小学校卒業者を対象とする教育制度は、試行錯誤を経ながら整備されていくが、中野夜学会は存続しつづけた。これは中野夜学会が七浦村全体ではなく、伊福の青年を対象とする夜学会であること、半強制的な教育組織ではなく、自発的に集う教育組織だったことによるものである。なにより中野夜学会で万亀の教授を受け、仲間と学習し合うことに、青年たちが生きがいを見出していたためであろう。

地域に根付いていく中野夜学会

万亀は中野夜学会の青年たちに学習する機会を与えるだけでなく、地域へ貢献

(12)「七浦小学校沿革誌」鹿島市立七浦小学校蔵

する取り組みを行い、将来の地域の担い手としての自覚と成長を促した。

開設直後の明治二十七年（一八九四）に勃発した日清戦争では、出征兵士の家族に草履《ぞうり》を送るなどの労力奉仕を早速行っている。その後も、戦争が起こる度に、村内での労力奉仕や慰問《いもん》活動を行っている。

また、労力奉仕で特筆されるのは災害復興における貢献である。大正三年（一九一四）八月二十五日に発生した高潮《たかしお》は、有明海沿岸の堤防を決壊させ、家屋や耕地に甚大な被害をもたらした。伊福区でも、県道が決壊し、家屋の流失や収穫間近の水稲の枯死など、甚大な被害が出た。この時、夜学会の青年たちは、中野家の指揮のもとに三日三晩の警戒にあたり、さらに中野家が供出した白米による炊き出しを行うなど、災害直後の不安定な地域社会をしっかりと支える役割を果たした。これは次章で述べる七浦村婦人会の救護班が結成される前の出来事である。

こうしたともに学び、ともに地域に貢献する中野夜学会は、地域に定着していき、大正三年には夜学生数も倍増するなど、ようやく基礎が固まったのである。その後も、大正十三年に多良《たら》北新地を襲った大風被害からの復旧工事に労力奉仕を延べ五十余日にわたって行い、昭和十一年（一九三六）の伊福川増水では被害箇所の復旧工事にあたるなど、一貫して労力奉仕による地域貢献を続けた。

なお、中野夜学会の運営は、中野家から随時下付された資金が中心であった。

しかし、それだけでなく、こうした労力奉仕の対価、あるいは総会の際に夜学生が持ち寄った米の現金化によって、運営資金を蓄積している。このように、中野家に全面的に依存するのではなく、夜学生もその運営に寄与し、ともに運営しているという自負を培っていったのである。

中野夜学会卒業生のその後

それでは中野夜学会で地域の中堅となる自覚を培った青年たちは、その後、地域においてどのような足跡を残したのであろうか。

昭和十三年（一九三八）度の中野夜学同窓会の会員名簿には、その後の職歴が記されており、彼等のその後を知ることができる。

職歴が記されているのは三十六名である。このうち二十五名もの卒業生が青年会の役職（支部長、副会長、幹事）を務めている。七浦村の青年会は万亀の夫権六が明治四十四年（一九一一）に設立している。この青年会の中心的なメンバーは、中野夜学会で見識を磨いた卒業生たちであり、地域の青年組織のリーダーとして活躍したのである。

そして、青年期から壮年期に移行すると、地域のあらゆる分野の中堅、そして指導者へと成長している。

例えば、政治の分野では、村会議員を輩出するとともに、区長《くちょう》・区評議員といった伊福区をとりまとめる指導者を輩出している。竹下平一が昭和四年に第六代区長に就任して以降、昭和五十七年に退任した第十七代区長の中村正二郎にいたるまでの間、夜学会出身者は九名にのぼり、四十五年余にわたって伊福区を率いているのである。(13)

産業の分野では、村農会総代や農事実行組合長といった農業分野だけでなく、産業組合理事や産業組合青年連盟理事長なども輩出している。地形の制約により耕地に乏しい伊福区では、農業経営の多角化と特殊作物の栽培が不可欠であった。そのため、中野夜学会では先進地の視察や研修への参加を積極的に行っている。昭和七年から昭和八年にかけて與猶《よなお》律次と中尾健次がみかんの栽培に取り組み始めるが、(14)この両名は夜学会出身者であった。時代の変化を読み取り、地域に新しい商品作物を導入することができる先駆者も輩出していたのである。

また、消防組の小頭や役員を経たものも多く、地域の防災の担い手にもなった。そのほか、在郷軍人会《ざいごうぐんじんかい》の役職（支部長や幹事）に就き、退営軍人を束ねて、さまざまな事業に取り組んだ者もいる。

近代の地域社会では、政治（行政）・経済（産業）・教育の連携が薄く、一体となって課題に取り組むことが難しかった。こうした課題を克服するため、田澤義鋪は「町村の参謀本部《さんぼうほんぶ》」の設置と「農村協同自治《のうそんきょうどうじち》体制《たいせい》」の確立を訴えている。(15)これに対し、伊福では、万亀の主催する夜学会のもとで、地域が抱える課題を共有

（13）太良町誌編纂委員会『太良町誌下巻』、太良町、一九九四年

（14）前掲『太良町誌下巻』

（15）前掲『田澤義鋪〜今につながる政治教育の「源流」〜』

し、一丸となってその克服に取り組む基盤が培われていたのである。

このように、万亀の薫陶《くんとう》を受けた青年たちは、ふるさとと伊福の地にとどまり、地域の中堅として、さまざまな役職を担い、支え合いながら、地域の発展に尽くしたのである。

昭和八年の中野夜学同窓会の集り（中野家蔵）

中野夜学同窓会の結成

中野夜学会の活動が地域に根付き、地域の中堅としての評価が高まってきた昭和七年（一九三二）の春、総会の席上で、今後のさらなる発展を期すため、中野夜学同窓会を結成することが決議された。

この時に会則も制定された。この会則によると、夜学同窓会は、万亀の薫陶を受けた会員相互の親睦《しんぼく》を図り、地域を担う中堅としてのさらなる修養と地域への貢献を目的としている。総裁は万亀がつとめ、顧問には田中鐵三郎のほか、新宮忠彦や相浦一次(16)など七浦・多良の名士《めいし》が名を連ねている。会長には夜学会生の最古参である中村竹次郎が就任した。会長の下には、会計、評議員（六名）、幹事（五名）が置かれている。

昭和十三年度の会員名簿によると、会員は九十一名で、そのほかに中野家の被官十五名がおり、合計一〇六名で組織されていた。また、青年部と公民部に分かれており、青年部は二十五歳以下の未婚者で、それ以

(16) 伊福区出身。藤津郡内の浜小学校や多良小学校で校長を務めた地域の名士。

上が公民部となっていた。

そして、夜学同窓会結成以前から行っていた講演会をはじめ、共同での奉仕作業や農事・生活の改善に取り組んでいるが、戦時下においても、読書会・農事研究会・時事問題研究会・武道会・勤労奉仕に努め、その活動は地域の中堅の担い手にふさわしいものであった。このうち、毎週一回の読書会では書籍や雑誌の輪読を行い、万亀が在京中の時は、相浦一次が指導にあたっている。毎月一回の農事研究会では、時期に応じて、農作物の栽培に関する体験発表を行っている。随時開かれる時事問題研究会では、戦時下における国内外の動向について語り合うことで正確な時局認識を身につけている。

こうした堅苦しい取り組みだけでなく、健全な農村娯楽機関の設置にも努め、毎週一回娯楽日を設け、日頃の労苦を慰安し、休養している。

『国際経済の片影』の編纂・出版

中野夜学同窓会は、戦争と不況が続く時勢をふまえ、新たな取り組みとして、国内外の最新の情勢を学ぶ講演会を主催した。昭和十年（一九三五）に田中鐵三郎を招いたのが最初で、昭和十二年と翌十三年には、中国戦線の視察者による講演を主催している。

また、出版事業も行っており、昭和八年に中野夜学同窓会として田中鐵三郎の

『国際経済の片影』（中野家蔵）

『国際経済の片影《へんえい》』を編纂・出版している（「沿革史」が昭和十年とするのは誤り）。

鐵三郎は昭和四年からヨーロッパに滞在し、国際決済銀行理事や国際連盟財政委員として、世界恐慌で混乱する国際経済の再建の最前線にいた。昭和八年に鐵三郎が帰国すると、中野夜学同窓会は鐵三郎のもとを訪れ、国際経済に関する「漫談」を聞きたいと要望した。これに応じて鐵三郎が語った「夜話」を編纂したのが『国際経済の片影』である。

世界恐慌以来、国際経済への関心は高まっており、それは七浦の農村の青年たちも同じであった。一見すると、七浦の農村とは縁遠いように感じられる国際経済の分野であるが、国際経済は日本を取り巻く国際情勢がどのように展開し、日本にどのような影響を与えるかを知るうえできわめて重要であった。国際経済の最前線にいた鐵三郎に直接聞くことで、国際情勢と今後の日本の針路についての理解をより深めようとしていたのである。

頌徳碑の建設

明治二十五年（一八九二）に万亀が開いた中野夜学会は、昭和に入っても継続し、四十年を越える伝統を積み重ねてきた。万亀の指導を受けた同窓生も数多く、その中から、万亀の功績を永く伝えるため、頌徳碑を建設する動きが起こった。万亀は自分が生きている間は止めてくれと固辞したが、熱意にほだされ、ついに

頌徳碑除幕式で挨拶する万亀（中野家蔵）

建設に同意した(17)。

こうして完成した頌徳碑の前で、万亀本人を招き、昭和十年（一九三五）三月三十一日に盛大に除幕式が行われたのである。除幕式には、日本銀行大阪支店長となっていた鐵三郎や京都帝国大学教授高田保馬《たかだやすま》らが参列している。

頌徳碑の表面には、佐賀県知事藤岡長和が「中野万亀子先生頌徳碑」と記している。背面の碑文は多良村長も務めた漢詩文人中尾春峰《しゅんぽう》（誠之）が昭和九年十二月に撰文し、その文章を薬師寺白鷲が清書したものが刻まれている。碑文はすでに紹介しているので、ここでは省略する(18)。この頌徳碑は中野夜学同窓会が建設委員会となって建設されており、台座には建設委員長中村竹次郎以下役員の名前が刻まれている。

また、頌徳碑の右手前には、建設に携わった中野夜学同窓会人員として六十七名の名前と、玉垣《たまがき》一式を寄附した被官仲間十五名の名前を刻んだ石碑が建てられている。

昭和十二年に日中戦争が勃発し、大規模な動員が開始されると、召集される夜学同窓生も増えてくる。夜学同窓会の運営に尽力していた澤山渡も、動員され、昭和十二年十二月に中国南部で戦死している。夜学同窓会は、その追悼の記事を『アカツキ』に寄稿している。[19]
夜学同窓会の会員が相次いで召集されたこと、さらに万亀が婦人団体の全国組織の幹部となり、東京に生活拠点を移したことで、夜学会の活動は低調となり、強まる戦時体制から戦後の混乱期の中で静かに終焉を迎えたと考えられる。

万亀と田澤義鋪

こうした農村を中心とした青年たちの補習教育と修養に尽力し、青年団運動の指導者として知られるのが田澤義鋪である。
田澤は鐵三郎の一学年下にあたり、鹿島中学校時代にはともに藤津《ふじつ》郡図書室を創るなど、生涯にわたって深い親交があった。その田澤は、内務省入省後、明治四十三年（一九一〇）に静岡県の安倍《あべ》郡長となり、農村青年の現状を目の当たりにし、地域における補習教育と青年の相互修養の重要性を説き、青年団運動を全国に広めていった。[20]
明治二十五年に万亀が中野夜学会を開いた時、田澤はまだ七歳であった。田澤よりも早く、万亀は農村青年の抱える問題とその解決に尽力していたのである。鐵三郎を通じて、万亀の取り組みが田澤の思想に影響を与えたのかも知れない。
万亀と田澤の交流を物語るものに、田澤の日記がある。田澤の日記は昭和五年

(17)「沿革史」中野家蔵
(18) 本書十二頁より十三頁参照。
(19) 中野夜学同窓会「故澤山君の霊前に捧ぐ」『アカツキ』第十三巻第三号、一九三八年

田澤義鋪（森田家蔵）

(20) 前掲『田澤義鋪～今につながる政治教育の「源流」～』

（一九三〇）からのものが断片的に遺されているが、簡潔な記述にとどまっている。万亀についても来訪してきた旨の記述はあるが、要件などは記されていない。

昭和十年一月十二日から十三日にかけて、田澤は古枝村（現在は鹿島市）にある鹿島鍋島家の菩提寺普明寺《ふみょうじ》で開かれた藤津郡青年団幹部の宿泊講習に参加した。十三日の早朝に普明寺の裏山にある田島勝爾《たじまかつじ》(21)の果樹園を見学した後、万亀とともに、鹿島における定宿であった森田判助《もりたはんすけ》邸に向かっている。万亀は講習での田澤の講演を聞きにきていたのであろう。そのほかにも東京の田澤邸に万亀が訪ねてきた記述が三回みられる(22)。

田澤が青年団運動や政治教育運動の構想を練り上げていくうえで、特に女性の参加や役割という部分において、万亀の存在は無視できないのではないだろうか。また、田澤が全国規模で活躍を始めた後は、万亀も田澤から大きな影響を受けたであろう。今後は、こうした両者が相互に影響しあっていた部分の解明が期待される。

(21) 鹿島市民立生涯学習・文化振興財団『田島勝爾の生涯と田島精神』、鹿島市、二〇一八年

(22) 田澤義鋪顕彰事業実行委員会『日記が語る田澤義鋪の実像―一九三〇年代の帝国日本と田澤義鋪―』、鹿島市、二〇一九年

地域の女性団体の指導者として

日本近代史における婦人会と女子青年団（処女会）

万亀《まき》が中野夜学会《やがつかい》に次いで取り組んだのが、地域の女性に対する社会教育と組織化であった。

戦前、地域の女性たちを束ねる組織として、婦人会と女子青年団（当初は処女《しょじょ》会《かい》と呼ばれ、昭和二年［一九二七］に改称）があった。小学校を卒業した女性たちが女子青年団に入り、結婚した後は婦人会に入るのが一般的であった。

婦人会は明治中期頃から結成され始め、昭和戦前期には全国各地の市町村にくまなく成立した。日露戦争時の軍事援護《えんご》、地方改良運動期や農村恐慌期の自力更生、満州事変以降の軍事援護など、婦人会は日本を取り巻く経済情勢・軍事情勢の影響を強く受け、取り組む事業はどうしても似通っていた。

そのため、それぞれの婦人会のもつ個性、あるいは婦人会が地域のどのような水脈の中から生み出されたのかについて、十分に注意が向けられてこなかった傾向がある。それは、引いては婦人会や女性たちの地域における主体的な動きさえも見過ごしてしまうことになる。

佐賀県における処女会と婦人会の動向

そこで、まず佐賀県における処女会（女子青年団）・婦人会の動きをみていこう。

佐賀県は、それまで小学校の卒業生で組織されていた同窓会・校友会の普及・発達を促すため、大正四年（一九一五）十一月に処女会設置に関する標準（訓令）を制定した。この設置基準によって、同窓会・校友会が処女会に移行した。処女会は義務教育を修了し、もしくは学齢を超えた女性で組織され、未婚者が原則であった。設置基準では良妻賢母《りょうさいけんぼ》となるための修養が目的として掲げられ、そのための補習教育や風紀《ふうき》改善《かいぜん》に関するさまざまな事業に取り組むことが定められた(1)。この設置標準は全国的にみても早い事例で、全国各地で設立されていく処女会の基本的な枠組みとなった(2)。

こうした処女会に対し、有志婦人で組織されたのが婦人会である。相互の親睦《しんぼく》を図り、修養談を聞くのが主な活動であったが、処女会に比べて、団体数も少なく、活動は低調であった。そのため、処女会が設置されて以降、婦人会のほとんどが処女会に併合され、大正十年時点で現存する婦人会はごくわずかとされている(3)。これは処女会の設置標準で、既婚者を特別会員とすることが認められていたためである。

（1）内務省社会局『全国処女会婦人会の概況』、一九二一年

（2）渡辺洋子『近代日本女子社会教育成立史』、明石書店、一九九七年

（3）前掲『全国処女会婦人会の概況』

七浦村婦人会が主催した敬老会（中野家蔵）

「婦人会概覧」（中野家蔵）

こうした処女会や婦人会が地域の担い手として注目され始めた頃、万亀も伊福《いふく》で独自の取り組みを始めていたのである。

幸いにも、昭和二年（一九二七）九月に七浦《ななうら》村婦人会が作成した「婦人会概覧」が中野家に伝来しており、沿革や規則を知ることができる。そこで、本章では、「婦人会概覧」によりながら、万亀がどのように婦人会や女子青年団を育てていったのかを紹介する。

伊福婦人矯風会の結成

中野夜学会で地域の青年男子への指導にあたってきた万亀は、明治四十四年（一九一一）二月、地元伊福で婦人矯風会《きょうふうかい》を設立した[4]。万亀が婦人矯風会を設立した目的は、婦人の智徳《ちとく》の啓発《けいはつ》に努めるためであった。具体的には、毎月例会を開くとともに、神社境内の掃除、道路の修繕、竹の皮拾いなどを行い、奉仕的かつ共同的精神の涵養《かんよう》に務めている。また、婦人矯風会の事業として、七十五歳以上の高齢者を招いた敬老会を開催している。

当初、「女に家を明けられては、さうでなくても手薄の所、とても我慢なんぬい」と批判と反対の声が多かったが、万亀の献身的な取り組みにより、周囲の姿勢は反対から同調・支持へと変わっていった[5]。

こうした伊福での矯風会の活発な活動が刺激となり、大正元年（一九一二）に

（4）高松宮家編『有栖川宮記念厚生資金選奨録第一輯』（高松宮、一九三四年）は、婦人矯風会は設立の翌年に婦人会と改称したとするが、『婦人会概覧』をはじめ中野家文書では大正三年の七浦村連合婦人会設立までは「矯風会」の名称を用いている。

（5）「女流社会教育家中の第一人者佐賀県の中野万亀女史」『社会教育』第七巻三号、一九三六年

音成婦人矯風会が設立され、大正二年までに七浦村のすべての区で矯風会が設立された。そして、大正三年四月に各区の矯風会を統一して、七浦村連合婦人会が結成されたのである。この時、万亀は会長に就任している。

また、婦人会とは別組織として、万亀は大正十一年三月に伊福区主婦会《しゅふかい》を設立している。[6]これを受けて、翌年には各区でも主婦会が結成された。[7]これによって、七浦村には婦人会・主婦会・処女会の三団体が並立することになった。そこで、大正十二年五月に三団体を合併して、新たに七浦村婦人会として、再出発することになった。[8]

七浦村婦人会では、農繁期を除き、毎月例会を開き、村内の知識階級を招いて講演を聞くなどの活動を行っている。こうした活動は大正三年と大正四年に教化成績佳良として藤津《ふじつ》郡長から表彰されている。

昭和二年（一九二七）九月に作成された「婦人会概覧」によると、会員は一一六四名であった。昭和元年時点で七浦村に居住していた女性は二七六二名で、これは小学校の在学生やそれ以下の乳幼児、主婦会参加の上限とした六十歳以上を含んだ数字である。[9]この点をふまえると、七浦村婦人会は対象年齢の女性の多くが加入した組織であったことがうかがえる。

（6）「七浦小学校沿革誌」鹿島市立七浦小学校蔵
（7）『婦人会概覧』中野家蔵
（8）「七浦小学校沿革誌」鹿島市立七浦小学校蔵
（9）七浦尋常高等小学校編「農業教育と村勢調査」個人蔵

会則にみる七浦村連合婦人会の活動

地域における婦人団体の結成と指導にあたってきた万亀は、昭和二年（一九二七）八月に組織改変を行い、七浦村婦人会を婦人部と女子青年団部の二部に分け、婦人会が総括する形を整えた。女子青年団は七浦村に居住する小学校卒業後から三十歳までの女性、婦人部（主婦会）は七浦村に居住する三十歳から六十歳までの女性で構成され、六十歳以上の女性は特別会員となっている。

そして、婦人会の本会会則と支会会則を定め、地域の女性を網羅する系統だった組織を作り上げたのである。これは佐賀県が処女会設置標準を制定する前年のことである。

万亀は制定した婦人会の会則の中で、婦人会の目的を「婦徳の涵養、婦人必需の知識技能を啓発して、健実なる主婦たるの素養を修得せしめ、以て風俗の改良、生活の改善を計り、兼て奉仕的精神を養ふ」と掲げている。そして、それを実現するため、総集会・講習会・支部例会をはじめ、救護班事業・敬老事業・教育事業後援、あるいは生活改善や副業奨励を行うとしている。

本会には会長を中心に副会長・幹事・評議員・支部長、村内各区に設けられた支会には支部長を中心に副支部長・幹事・賛助員・評議員からなる役員組織が作られ、会則と会長（支部長）の指揮命令を遵守することが義務づけられている。このように、七浦村婦人会は会長、すなわち万亀が大きな権限を持ち、本会と支会が緊密に一体化した組織構成であった。

白晝縣境の大火
一部落殆んど燒土
七十四棟を烏有に
佐賀縣藤津郡七浦村の慘事
原因は藁灰の不始末から

新機軸を作つた
御茶亭の獻上
全國文武官から御大禮を
奉祝する記念として

慘たる猛火の跡＝佐賀、長崎兩縣境

恨みの放火
女にすてられ

折られてゐた切取り
部分にかゝる
何者かゞ犯行をそゝつ
全く奇怪

被災現場で活動する救護班（中野家蔵）

救護班の結成

万亀が青年女性を率いて行った地域貢献活動のひとつに、災害時の救護活動がある。大正十二年（一九二三）九月に発生した関東大震災を経験したことにより、災害発生後の救護活動の重要性が広く共有され始めていた。

ある会合に出席していた万亀は、警察署長が「女性は火事見物をするだけで困ったものだ。子供の見張り、老人や病人の世話ぐらいできそうだ」と言ったのを聞いて、すぐに村役場に女子救護班を結成したいと申し出た。しかし、村役場は男性の消防隊の経費捻出にさえ苦労している状況をふまえて、万亀の申し出を拒否した。これに対し、万亀は「女子救護班の費用は婦人会で工面し、村には一片の迷惑もかけません」と断固《だんこ》たる態度に出たのである。そのため、万亀の家柄と人望は熟知している村役場は、ついに要望を認め、全国でもほとんど例のない女子救護班ができあがったのである。[10]

婦人会が龍宿浦で造成した梅園（中野家蔵）

こうして大正十五年三月、万亀は七浦村婦人会救護班の班則を定め、救護班を組織した。班則によると、救護班の総務は七浦村婦人会長が総括し、役員として班頭・副班頭・係長・班長が置かれた。そして、女子青年団員の中から十八歳以上で身体が健康で、意志強固である女性を係長が推薦し、会長によって救護班員に任命されたのである。

救護班の任務は、天災地変その他非常時に出動し、傷病者・老幼者の救護、家具・家財の搬出・監視、炊き出し、消防の援助などにあたることであった。そのため、すぐに出動できるように常に訓練を行っている。また、班員には制服・制帽などを貸与している。

大正十五年の設置から昭和九年（一九三四）にいたるまでの間だけでも、火災での出動が十七回、大暴風雨での出動が二回に及んでおり、災害直後の救護活動に尽力している。[11] こうした救護班の活動は、昭和二年八月に知事から表彰を受けるほど[12]、地域から評価を受けている。

万亀は、赤十字女子消防女子救護団にも関わっていたようで[13]、救護班の活動は、その地域における実践であったのかもしれない。

そして、万亀は女子救護班の活動がたびたび表彰されると、それを記念して、七浦村の龍宿浦《やのうら》区に梅園を造成した。そして、その梅の収益を婦人会の運営資金に充てたのである。[14]

農繁期託児所設置と乳幼児の健診事業

救護班のほかに、万亀が婦人会の事業として行った特色ある事業に、農繁期託児所の設置がある。

こうした託児所自体は、明治末期頃から各地でみられるようになる。例えば、七浦村に隣接する八本木《はちほんぎ》村（大正七年［一九一八］に町制を施行し、浜町と改称）の事例をみると、子守をしながら授業を受ける児童の問題に対応するため、明治四十三年（一九一〇）に乳児収容所（稚児《ちご》収容所とも）を校内に設け、二人の保《ほ》姆《ぼ》を雇い、三十名余の乳児を預かっている[15]。これは婦人会の事業として始められたが、負担が大きかったためか、翌明治四十四年からは村費による経営に切り替わっている[16]。また、昭和六年（一九三一）には、農繁期になると、常設の託児所のみでは対応できないため、繁忙期臨時託児所を町内寺院二カ所に設置している[17]。

浜町の場合、小学校が町内中心に位置し、一カ所の託児所で対応が可能であった。これに対し、七浦村の場合、集落が谷筋で区切られ、児童自身の通学にも苦労が絶えなかったため、小学校内に村が経営する託児所を設けたところで、利用できる地区の範囲が限られてしまう。しかし、村内に複数の託児所を設けることは困難であった。そうした中で、万亀が自主的に開設したのが伊福区農繁期託児所である。

農村である伊福では、昭和期に入っても、農繁期になると小学校の授業が短縮

(10) 前掲「女流社会教育家中の第一人者佐賀県の中野万亀女史」
(11) 前掲『有栖川宮記念厚生資金選奨録第一輯』、高松宮、一九三四年
(12) 前掲『全国教化団体名鑑』
(13)「祝辞集」中野家蔵
(14)「岩永スガ追悼文」中野家蔵

(15)「自治治績調査要項」鹿島市民図書館蔵八本木村役場文書
(16)「上級稟請書類」鹿島市民図書館蔵浜町役場文書
(17)「浜小学校沿革誌」鹿島市立浜小学校蔵
(18)「大阪朝日新聞附録九州朝日」昭和八年五月二十五日号
(19) 前掲『有栖川宮記念厚生資金選奨録第一輯』
(20)「大阪朝日新聞」昭和八年五月五日号

中野邸に開設した農繁期託児所（中野家蔵）

され、女児が家庭で幼い弟妹の子守をし、母親は農作業に出るのが通例であった。

そうした状況を改善するために、万亀が農繁期託児所を設置したのは昭和五年六月で、伊福区の玉泉寺《ぎょくせんじ》に開設し、四十名余の幼児を預かった。翌昭和六年には自宅と戸口《とぐち》神社の二カ所に開設し、百名余の幼児を預かっている[18]。

農繁期託児所設置の目的は、各農家の作業能率の増進を図るとともに、幼児の危険の防止であった。託児所の費用のほとんどは万亀が寄附している。さらに、万亀自身が託児所で保姆の任に当り、あらゆる世話を行っていた。少なくとも、昭和九年までは継続して実施されている[19]。万亀が開いた託児所は、昭和八年に朝日新聞社から優良農村託児所として表彰され、慈愛旗《じあいき》が贈られている[20]。

昭和五年に万亀が農繁期託児所を、あるいは昭和六年に浜町が繁忙期臨時託児所を開いた背景には、世界恐慌による影響を克服していくために展開された農村経済更生運動があった。農村再建が喫緊の課題となる中、農家経営の多角化が図られ、それに伴い農家の女性の労働力がより一層必要とされた[21]。そのため、地域の母親たちは農作業に追われ、幼い子供たちを地域ぐるみで守り育てる仕組みが必要になったのである。万亀はその役割を地域で率先して引き受け、実現していったのである。

　また、この時代の乳幼児に目を向けると、伊福と同じ七浦村に属する飯田《いいだ》区で行われた調査では、大正元年から同十年までの十年間の死亡者のうち、約二十五パーセントが一歳未満の乳幼児であった[22]。そこで、万亀は昭和二年から乳幼児愛護デー[23]が実施されると、これを婦人会の事業に組み込んだ。乳幼児の健康診断を実施するとともに、家庭の衛生環境・手当の講習を行い、優良児には自費で賞品を贈るなど、地域社会全体に対して乳幼児の健全な育成の重要性を訴えている[24]。

　このように、万亀は地域に生まれた幼い命が健やかに成長する仕組みを作り上げたのである。

七浦村処女会の結成

　婦人層が結集した婦人会に対し、七浦地区における青年女性の組織として結成されたのが七浦村処女会である。結成年については、大正三年（一九一四）四月とする史料[25]と大正五年十月とする史料[26]がある。大正四年十一月に佐賀県が出した訓令を受けて、藤津郡は大正五年二月に郡訓令と処女会準則を定めている[27]。その

(21) 小野沢あかね「戦間期の家族と女性」『岩波講座日本近代第十七巻』、岩波書店、二〇一四年

(22) 佐賀県衛生課『藤津郡七浦村大字飯田保健衛生調査報告』、一九二五年

(23) 昭和元年十二月に開催された第一回全国児童保護事業会議において、翌年より五月五日に全国一斉で乳幼児愛護デーを実施することが決議された。実施内容は町村や年度によって異なっていた。鹿島町でみると、昭和五年に満一歳未満の乳幼児の健康診断、昭和七年に乳幼児審査会、昭和八年に乳幼児健康相談会、昭和九年に赤チャン会が行われている（「鹿島小学校校務日誌」）。

(24) 「祝辞集」中野家蔵

(25) 佐賀県学務部学務課『昭和十一年度社会教育概要』

(26) 「七浦小学校沿革誌」鹿島市立七浦小学校蔵

(27) 佐賀県教育史編さん委員会『佐賀県教育史第三巻資料編三』、佐賀県教育委員会、一九九〇年

藤津郡連合女子青年団の講習会（中野家蔵）

ため、大正三年に七浦村独自に結成された処女会が、県や郡の訓令に即した体制に改められたのが大正五年と考えられる。

各地で処女会が設置されると、大正七年にその全国組織として処女会中央部が結成された。昭和二年（一九二七）に処女会中央部が大日本連合女子青年団と改称すると、傘下の処女会も女子青年団と改称した。ほとんどの女子青年団長は小学校長が兼務しており、卒業後も引き続き集団として管理するのが主たる目的であった。そうした環境下では、団員の主体性が育まれることはほとんどなく、形式的な取り組みに終始する傾向にあった。

これに対し、七浦村では、地域の女性たちを率い、類例のない先進的な取り組みを続ける万亀が、七浦村女子青年団の団長に就任した。団員たちは、万亀のもとで、主体的に地域に貢献する母や姉の姿を見ながら成長してきたのであり、自分たちも同じように地域に貢献したいと意欲をもって、女子青年団の活動に取り組んだのである。

こうした意欲的な女子青年団の要望に応えるため、万亀は中野夜学会と同じく、自宅を共同教育の場にしたのである。昭和三年から、万亀は伊福の女子青年の中で、希望者を自宅に集め、毎週土曜日に夜間読書会を開催した。読書会で読まれたのは修養に関する書籍や雑誌であった(28)。万亀による内容解説もあったであろうが、基本的には参加者による輪読によって、相互の理解を深めることが行われていたのであろう。まさに中野夜学会の女性版といえる。

また、七浦村が大正十三年四月に、女子補習学校(29)を設置すると、万亀は処女会員を全員入学させ、以後、処女会員（女子青年団員）に対して、補習教育を義務化している(30)。

万亀が伊福婦人矯風会に込めた思い

本章でみてきたように、万亀は婦人会を率いて、救護班の結成や農繁期託児所の開設など、特色ある事業を行ってきた。その原点となったのは、明治四十四年（一九一一）に結成した伊福婦人矯風会である。

万亀が中野夜学会を開設したのは明治二十五年で、伊福婦人矯風会を結成したのは明治四十四年と、その間に十九年の開きがある。実はこの点に重要な意味があるように感じられる。それは、中野夜学会で学んだ若者たちが地域の自治・産業の中堅へと成長し、次々と結婚していく。その妻となった女性たちを組織した

(28) 前掲『有栖川宮記念厚生資金選奨録第一輯』
(29) 「七浦小学校沿革誌」は「補習学校女子部」とする。
(30) 「婦人会概覧」中野家蔵

のが伊福婦人矯風会だと考えられるからである。女性が昼間に家を留守にすることに強い拒否感がある時代思潮の中で、婦人会事業が定着していくためには、家庭の理解と協力がなにより不可欠であった。万亀の薫陶《くんとう》を受け、心身ともに充実した生活を実現した夜学生とその父母は、万亀の取り組む新たな事業に協力するため、喜んで嫁を送り出したであろう。こうして婦人会の核ができ、その後の実績を通じて、参加あるいは支援の輪を地域に広げていったのである。ただし、矯風会の名簿がないため、明確な裏付けは得られていない。

万亀の考え方の源流に位置する篤誠院《とくせいいん》は、藩士の男性と女性がそれぞれの立場から地域に貢献し、あるいは家庭を守り育てる夫婦になれるような取り組みを行っていた。まさに、万亀はこれを伊福で実践したのである。中野夜学会と伊福婦人矯風会は万亀の中で密接に関連した事業であり、これによって、初めてそれぞれの立場から地域と関わることができる自発性と協調性を兼ね備えた人材を濃密に送り出すことができたのである。

中野家庭寮の開設

大日本連合婦人会による家庭寮事業

『太良町《たら》の先覚者』に収録された「中野万亀《まき》子女史を語る」では、万亀が青年女子の教育に力を注ぎ、中野家庭寮《かていりょう》という花嫁学校を設けたことが真っ先に紹介され、中野夜学会《やがっかい》に関する記述はない。その影響もあってか、万亀の事蹟として、地域でもっとも語られているのが中野家庭寮の話である。

この家庭寮は起居寝食をともにしながら、身につけるべき教養・作法を学ぶ場であるが、実はこれは万亀の独自の事業ではない。

昭和五年（一九三〇）十二月に文部省が大日本連合婦人会を組織すると、万亀は昭和六年に地方評議員、昭和八年には理事に就任している。この大日本連合婦人会の事業のひとつが家庭寮であった。婦人としての躾《しつ》けを身につけるため、昭和七年四月にお茶の水家庭寮が創設された。そして、全国各地に地方家庭寮や家庭寮拡張講座の設置を推奨している。(1) これを受けて、万亀が自宅に開設した家庭寮拡張講座が中野家庭寮なのである。

（1）『沿革史』、大日本連合婦人会、一九四二年

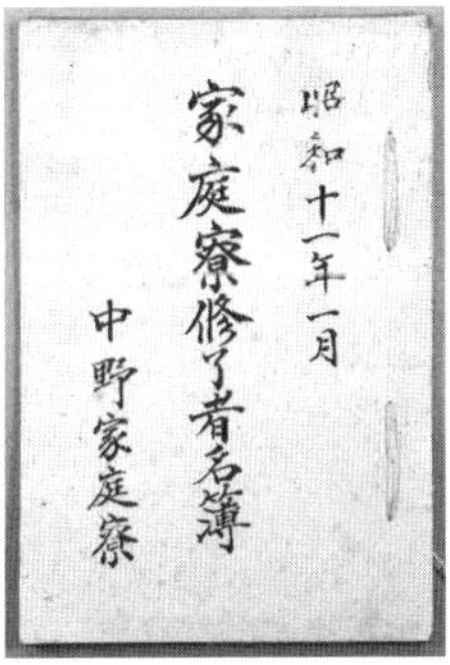

「家庭寮修了者名簿」（中野家蔵）

中野家庭寮の概要

万亀は伊福《いふく》中野邸の一画にて二回にわたり、中野家庭寮を開設している。第一回は、前期が昭和十年（一九三五）十二月十六日から二十一日、後期が昭和十一年一月十二日から十七日にかけて行われ、前後期あわせて十二日間の宿泊研修であった。第二回は昭和十二年二月十三日から二十二日までの十日間の宿泊研修として開設された。

中野家庭寮に関しては、第一回の「家庭寮ニ関スル書類」「家庭寮修了者名簿」「家庭寮日誌」、第二回の「第二回中野家庭寮実施概要」「村別寮生名簿」が中野家に伝来しており、詳細に知ることができる。

主催は万亀であり、大日本連合婦人会と佐賀県連合婦人会が後援していた。万亀は寮長と寮母を兼任し、薬師寺ヤスヲが寮母補助にあたっている。寮生たちは中野家に宿泊して共同生活を送った。寮生だけでなく、寮長である万亀や講師も同じであった。

開設の目的として、結婚を間近に控えた青年女子に、家庭婦人として必要な家政実務を体得させるとともに、家庭生活の訓練を施し、健全な日本婦人としての素質を高めることが掲げられている。

定員は二十五名で、入寮の資格は第一に藤津《ふじつ》郡内に居住する女子であること、第二に十八歳以上の未婚の女子であること、第三に高等女学校または青年学校の卒業生、あるいはこれと同等の教養を持ち修養に志のある者とされた。

入寮手続きは、各町村の女子青年団長が入寮者を推薦する形で行われた。これは大日本連合婦人会と大日本女子青年団はともに文部省の管轄で、文部省が両者を一体とした運営を行っていたからである。なお、入寮者は食費として三円を納入するが、その他の経費一切は万亀が負担していた。

中野家庭寮の生徒たち

中野家庭寮には、第一回と第二回の参加者に関する文書が伝来しており、入寮者の年齢や学歴などを知ることができる。

まず昭和十年（一九三五）に開かれた第一回中野家庭寮には、三十九名が参加し、全期修了者は三十二名である。そのほかに前期のみの修了者が三名、後期のみの修了者が四名いた。これは第一回が正月を挟んで、前後期制を採ったためである。参加者の年齢は十七歳から二十四歳である。最終学歴をみると、約半数が鹿島高等女学校卒業で、そのほかに公民学校や実業学校の卒業生がいる。全員が女子青年団の団員で、特に支部長が九名も参加していることが注目される。なお、地元伊福からも二名が参加している。

昭和十二年に開かれた第二回中野家庭寮には、三十三名が参加している。ただし修了状況を示す史料は伝来していない。参加者の年齢は十九歳から二十四歳である。最終学歴をみると、鹿島高等女学校卒業が約七割を占めるが、第一回にはみられなかった高等小学校卒業生が二名参加している。第一回と同じく全員が女子青年団の団員であるが、役職の記載がないため、詳細は不明である。

このように、総勢七十二名の女性が中野家庭寮に参加しているが、すべて女子青年団の団員であり、女子青年団の研修としての性格を強く持っていた。この研修で学んだことを地元の女子青年団たちに広めることも期待されていたのであろう。

中野家庭寮での講義

中野家庭寮での教育課程は大きく国民科、家庭科、趣味科、その他からなっていた。

まず国民科であるが、これは修身・公民・礼法で、このうち礼法では結婚問題が扱われ、万亀自身が教授している。正しい人生観を身につけ、必要な修養とは何かを考える内容といえる。

次に家庭科であるが、これは家事と手芸裁縫にわかれ、ともに鹿島高等女学校の教諭が担当している。家事では、日常栄養献立の作製、児童の栄養と弁当、台所用品類の手入と保存法、衣類の手入保存法・洗濯、家庭衛生と看護、予算生活（家計簿）など、将来家計を担ううえで必要な事項が網羅されている。手芸裁縫

家庭寮でのマッサージ講習（中野家蔵）

でも、廃物利用や各種急所の部分縫実習など実用的な内容になっている。全体を通じて、経済的に合理化された家庭生活とは何かを考え、体得することが目指されている。

趣味科は華道・書道・音楽があり、母性・趣味の涵養《かんよう》と情操の陶冶《とうや》が図られている。また、その他として、非常時や家庭での訓練として実習を行っている。

このように、寮生は非常時局下における家庭の担い手としての修養と技能を磨いている。彼女たちは物資の節約を図りながら、家庭を守っていく器量と覚悟を求められていたのである。

こうした講義を行う講師として、第一回では十四名、第二回では十三名が招かれている。特に鹿島高等女学校からは校長と三名の女性教諭が派遣され、中心的な役割を果たしている。

中野家庭寮での生活

家庭寮での生活であるが、まず午前六時に起床する。そして、午前六時から午前八時まで、朝食と朝の務め（掃除・整頓、神仏礼拝など）を行う。午前八時から午前十二時までと午後一時から午後四時までが講義の時間となっている。講義を終えると、午後六時までの間に家政実習と自由時間があり、午後

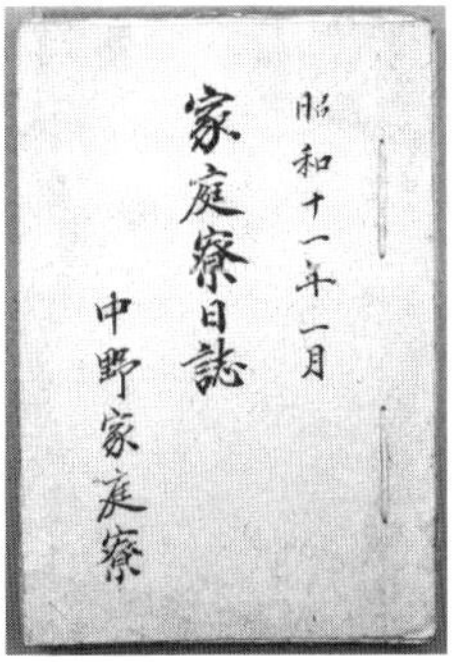

「家庭寮日誌」（中野家蔵）

六時から順番に食事と入浴を済ませている。

午後七時半から午後九時までは主に座談会の時間にあてられ、万亀も参加し、ゆっくりと寮生たちと語り合う時間を設けている。その後、一日の日誌の記入し、午後十時半に就寝している。

このように、分刻みの講習が行われていたのである。

また、寮生は四班に分かれ、宿舎係、炊事会計係、整理係、接待係を交代で分担し、寮生活を運営している。例えば、炊事会計係は献立の作成と材料の注文、整理係は風呂炊きや菜園の手入れ・除草などを行っている。

「家庭寮日誌」にみる寮生の感想

中野家庭寮に入った女性のほとんどは、初めて親元を離れて、短期とはいえ共同宿泊を体験した。そのため、不安を抱えながらの入寮であった。そして、寮生たちは、朝夕の黙想の時間を通して、日頃のわがままを恥じ、初めて親への感謝の気持ちを抱いている。

万亀は家庭寮のカリキュラムは定めていたが、集団生活の部分に関しては、寮生たちの自主性に委ねていた。そのため、同世代と濃密な時間を共有することができた寮生は、「実に我々一生の中のもっとも無邪気なパラダイス」と表現している。

夜の座談会の時には、万亀自身も参加し、寮生たちに優しく語りかけている。和気靄靄とした雰囲気の中で、万亀は自分の経験などを話し、感激した寮生たちはこのような人が自分たちの味方であることを力強く思っている。

最終日にも、万亀は講話を行っており、感銘を受けた寮生たちは中野家庭寮に参加した記念として、今年から毎日日記を書くことを誓っている。そして、寮生たちは、中野家庭寮で学んだことを活かして、より一層の修養に励むことを誓って、親元に帰って行ったのである。

大倉邦彦の農村工芸学院

この時期、佐賀県内で、中野家庭寮と同じような取り組みを行っていたのが国民家政学園である。

国民家政学園は昭和三年（一九二八）一月に大倉邦彦《おおくらくにひこ》が農村工芸学院として神《かん》埼《ざき》郡西郷《さいごう》村に設立した。大倉は大倉精神文化研究所を創設した教育者として知られている。農村の女性を対象とし、修業年限は一年間で、全員が寄宿所で集団生活を送った。満十六歳以上の女子を収容し、生け花・茶の湯・学術・裁縫・マッサージなどを教授している。その後、昭和六年四月に国民女子工芸学院と改称する(2)。昭和八年には国民家政学園と改称し、西郷村が経営を引き継いでいる(3)。昭和十年からは佐賀県連合女子青年団の家庭寮に指定され、昭和十三年に廃校になっ

（2）神崎町史編さん委員会『神崎町史』、神崎町、一九七二年
（3）前掲『佐賀県教育史第三巻』
（4）前掲『神埼町史』

閉寮式で挨拶する万亀（中野家蔵）

た(4)。

このように、地域で自発的に行われていた青年女性の教育施設が、家庭寮に組み込まれていったのである。

また、注目されるのは、家庭寮に指定された国民家政学園が昭和十三年に廃校になっている点である。中野家庭寮がいつ終焉を迎えたのかについて書かれた史料はない。中野家庭寮が開設されたことが明確なのは昭和十年から昭和十二年にかけてである。

昭和十二年七月に盧溝橋《ろこうきょう》事件が起こり、日中が全面戦争へと突入し、国家総動員体制の構築が進む。盧溝橋事件の直前の六月に、万亀は大日本連合婦人会の常務理事に就任しており、次章で述べるように、戦時下での婦人団体の統合などに奔走することになる。十日程度とはいえ伊福に滞在し続けることが困難となったのである。そのため、昭和十三年以降、中野家庭寮は休止を余儀なくされ、結果的にわずか二回で終焉を迎えたと考えられる。

中野夜学会と中野家庭寮

中野夜学会と中野家庭寮は、ともに万亀が自宅を提供して、私財を投じて行った社会教育事業である。しかし、開設された時期でみると、中野夜学会は明治二十五年（一八九二）で、中野家庭寮は昭和十年（一九三五）である。この四十年を越える時間差は、社会教育事業を取り巻く環境を劇的に変えてしまっており、両者の性格と意義は異なっていた。

まず、中野夜学会であるが、万亀が地域の青年の抱える課題に応えるために独自に取り組んだ事業であり、万亀が参照とするような事業はなかった。むしろ万亀の取り組みなどが源流となり、青年団運動が広まっていくのである。そして、地元伊福の有志を対象とした事業であるため、他の夜学会と違って自立性を帯び、四十年以上の伝統を培ったのである。

これに対し、中野家庭寮は、各地の取り組みが中央組織である大日本婦人連合会で集約され、模範として事業化され、各地に推奨されたものを実施したものである。そのため、参加対象は広域となり、存続や展開は大日本婦人連合会の動向に強く規定されたのである。

このように、中野夜学会は社会教育事業の黎明《れいめい》期における主体的な取り組みであり、中野家庭寮は発展期、あるいは統制期における受動的な取り組みという鮮やかな対比をみせている。また、これからの地域を担う自立性と協調性を重んじるのか、国家の求める役割の鋳型にはめ込むのかという、下からの社会教育と上からの社会教育の対比ともいえる。

中野夜学会の活動を継続して発展させてきた万亀にとって、中野家庭寮をどのように地域に根付かせ、継続させていくのかという課題は明白であったのであろう。しかし、大日本連合婦人会の幹部としての立場と、国家総動員の戦時体制の到来が、万亀の思いを阻んだのである。その中でも、万亀は寮生と語り合う時間を設けることで、中野夜学会と伊福婦人矯風会《きょうふうかい》の原点にある精神を伝えようとしたのではないだろうか。

晩年の万亀

夫権六との死別

万亀《まき》が中野夜学会《やがっかい》や婦人会を設立し、さまざまな社会教育事業を展開していくのを、誰よりも間近で支えてくれたのは夫中野権六《ごんろく》であった。そのよき理解者権六は、大正十年（一九二一）六月に亡くなった。未亡人となった万亀は、さらに地域の社会事業に尽くしていく決意を新たにしたのである。

権六は生前、漢詩文を嗜《たしな》んでおり、多くの漢詩文を詠んでいたが、その多くは散逸し、万亀の手許にはわずかしか遺されていなかった。それでも、万亀は権六の文事を後世に伝えるため、十七回忌にあたる昭和十二年（一九三七）に権六の漢詩文集として『楽山遺稿《らくざんいこう》』を編纂《へんさん》・出版したのである。

実子に恵まれなかった万亀は、姪にあたる美知子《みちこ》を養女に迎えていた。権六が死去すると、万亀は中野家の家督を美知子に相続させている。しかし、万亀は実質的な家長として、地元伊福《いふく》区の鎮守社戸口《とぐち》神社への灯籠《とうろう》寄進やさまざまな寄附を行っている。

（1）「祝辞集」中野家蔵
（2）前掲『太良町の先覚者』

相次ぐ表彰

万亀は社会教育事業だけでなく、社会福祉事業にも尽力していた。昭和七年（一九三二）には、方面委員《ほうめんいいん》（現在の民生委員の前身）を委嘱され、さまざまな理由で貧窮した生活を余儀なくされている人たちの救護にあたっている。この時にも多くの私財を投じている。[1]

こうした長年にわたる地域での社会事業に対して、昭和五年に佐賀県知事から社会教育功労者として表彰されたのを皮切りに、同年、文部大臣から青年教育功労者として表彰された。ついで、昭和十年には佐賀県知事から婦人会指導功労者として、昭和十五年には文部大臣から社会教育功労者として表彰される。この間、昭和九年には高松宮から婦人及び青年教化農村社会事業功労者として表彰されている。[2]

また、昭和六年に佐賀県連合婦人会が結成されると、評議会員になるとともに、その下部組織である藤津《ふじつ》郡連合婦人会の副会長に就任した。

このように地元七浦《ななうら》での功績が広く認められるようになった万亀は、次第に活動の舞台を佐賀県全体、そして中央に移していくことになった。

奉納した灯籠と万亀（左端、中野家蔵）

大日本連合婦人会常務理事へ

昭和五年（一九三〇）に文部省は家庭教育振興に関する訓令を出すとともに、全国の婦人層を網羅する大日本連合婦人会を発足させた。

万亀は七浦に居住していた昭和八年に大日本連合婦人会の理事に選任され、翌年には連合婦人会の拠点となる女子会館の建設理事にもなっている。そして、昭和十二年六月には常務理事となり、東京に在住して、強化されつつある総力戦体制下での婦人団体の舵取りを担うことになった。

総力戦体制の構築が進む中、婦人団体や女子青年団に組織された女性たちは、主体的に国家による動員に応じていった[3]。政治参加を認められながらも、いまだ選挙権を得ていなかった女性たちは、国策に対する拒否ではなく、協力によって、女性の地位向上を図らざるを得なかったのである。

昭和十五年には、満洲《まんしゅう》中央銀行総裁になっていた弟鐵三郎《てつさぶろう》の度重なる依頼もあり[4]、三月から四月にかけて、満洲国の視察に訪れている。このうち、ハルビンの満洲開拓青少年義勇隊訓練所と力行村《りっこうむら》開拓組合のレポートを、「満洲の開拓村を訪ねて」との題で連合婦人会の機関誌『家庭』に寄せている。国策として推し進められた満洲移住を女性の立場から推奨する内容になっているが、官製団体の常務理事としての立場からすれば已むを得ないことであったであろう。

また、大蔵省は増大する戦費に対応するため、貯蓄奨励運動を始め、主婦に消

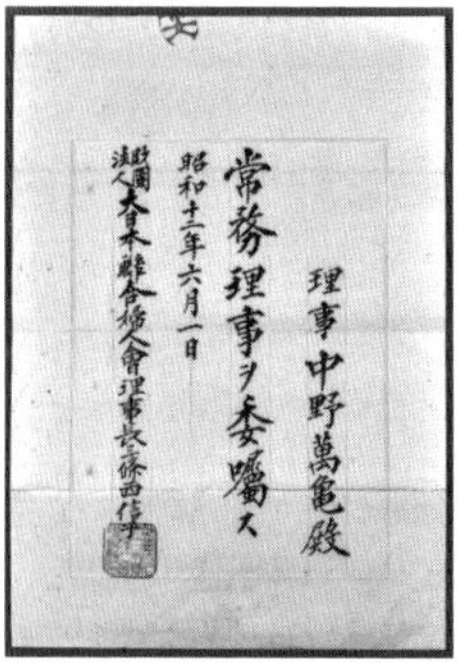
理事 中野萬亀殿
常務理事ヲ委嘱ス
昭和十二年六月一日

大日本連合婦人会常務理事委嘱状（中野家蔵）

（3）大口勇次郎・成田龍一・服部早苗『新体系日本史九ジェンダー史』、山川出版社、二〇一四年

（4）迎萱一編『田中鐵三郎伝』、田中鐵三郎先生顕彰会、一九六九年

(5)『朝日年鑑 昭和十五年』、一九三九年

費節約を徹底させるため、昭和十五年に講師を嘱託《しよくたく》し、各地に派遣した(5)。万亀も、吉岡弥生《よしおかやよい》・羽仁《はに》もと子・市川房枝《いちかわふさえ》らとともに講師を嘱託され、戦時下における女性の役割を訴えている。例えば、昭和十七年六月十八日には、戦時体制に適応するため、生活を刷新するべきだという記事を報知新聞に寄稿している。具体的には、家計簿などを駆使した予算生活によって、無駄を省き、個人でできないことは協同でやるべきだと訴えている。そのほかにも、栄養ある大衆食品を活かした戦時食生活や流行衣服の製造禁止を呼びかけている。

満洲《まんしう》の開拓《かいたく》村《むら》を訪《たづ》ねて

大日本聯合婦人會 常務理事 中野《なかの》萬龜《まき》

青年義勇隊哈爾濱訓練所における中野常務理事（中央）

本年《ほんねん》三月《ぐわつ》から四月《ぐわつ》にかけて約《やく》二週間《しうかん》餘《あま》り、滿洲《まんしう》を旅行《りよかう》してまゐりましたが、その間見學《かんけんがく》してまゐりました哈爾濱《ハルビン》青少年《せいせうねん》義勇隊《ぎゆうたい》訓練所《くんれんじよ》と力行村《りきかうむら》開拓組合《かいたくくみあひ》について申《まう》し上《あ》げたいと思《おも》ひます。

哈爾濱《ハルビン》市から東方《とうはう》に向《むか》つて自動車《じどうしや》で三四十分位《ぶんぐらゐ》走《はし》つたと思《おも》ふところ、滿洲開拓青少年義勇隊訓練所《まんしうかいたくせいせうねんぎゆうたいくんれんじよ》につきました。

そこは一望《ばう》幾《いく》千町《ちやう》かと思《おも》はれる大沃野《だいよくや》で、南《みなみ》は濱綏線《ひんすゐせん》、東《とう》北《ほく》は松花江《しようくわかう》の支流《しりう》に沿《そ》ひ、西《にし》は哈爾濱《ハルビン》市に接《せつ》し、全滿開拓地《ぜんまんかいたくち》の重要地點《ぢうえうちてん》なのです。

まづ飯島所長《いひじましよちやう》から種々《いろいろ》なお話《はなし》を伺《うかゞ》ひました。

滿洲開拓哈爾濱訓練所《まんしうかいたくハルビンくんれんじよ》は、滿洲建國《まんしうけんこく》の基礎《きそ》は皇國農民《くわうこくのうみん》の使命《しめい》なりとの信念《しんねん》のもとに、茨城縣友部《いばらぎけんともべ》の日本國民高等學校《にっぽんこくみんかうとうがくかう》の分校《ぶんかう》として校長加藤完治《かうちやうかとうくわんぢ》氏の率《ひき》ゐる青年《せいねん》十數名《すうめい》が、昭和《せうわ》七年《ねん》五月《ぐわつ》滿洲事變《まんしうじへん》の翌春《よくしゅん》、事變發端《じへんはったん》の地《ち》、奉天《ほうてん》の大營舊兵舎《だいえいきうへいしゃ》の一

万亀が『家庭』に寄せた「満洲の開拓村を訪ねて」（著者蔵）

大日本婦人会の結成

当時、婦人団体としては、文部省が管轄する大日本連合婦人会のほかに、陸軍省が管轄する国防婦人会と内務省が管轄する愛国婦人会があり、この反目し合う三団体の統合が大きな課題となっていた。

このうち、明治三十四年（一九〇一）に設立された愛国婦人会に関しては、

中野萬亀殿
愛國婦人會佐賀縣支部七浦村委員區婦人報國運動委員ヲ囑託ス
昭和八年三月十一日
愛國婦人會
佐賀縣支部長 早川敏子

愛国婦人会佐賀県支部からの委嘱状（中野家蔵）

万亀は日露戦争の最中の明治三十八年に愛国婦人会の七浦村周旋委員を嘱託され、戦後の明治四十年には功績が顕著であったとして愛国婦人会から表彰されている。また、昭和七年（一九三二）に特別有功章を贈与され、昭和八年には七浦村委員区婦人報国運動委員を嘱託されるなど、関わりを持っていた。

昭和七年に結成された国防婦人会に関しては、大日本国防婦人会久留米地方本部副会長に就任している。(6) これに関連して、中野家には昭和十三年に国防婦人会久留米地方本部からの役員会開催通知が残されている。

このように、万亀は三団体ともに関わっていたこともあり、三団体を統合した新しい婦人団体を結成する準備委員として奔走し、ついに昭和十七年二月、大日本婦人会が結成されたのである。万亀は顧問に就任し、組織運営の第一線を退いた形となった。なお、大日本婦人会は終戦直前の昭和二十年六月に解散し、国民義勇隊女子隊に編入された。

また、婦人団体だけでなく、昭和十四年に大日本連合女子青年団の理事に就任するなど、万亀は青年女子の全国統一組織にも携わっていた。しかし、昭和十六年一月、大日本連合女子青年団も大日本連合青年団や大日本少年団連盟などと統合して、大日本青少年団に移行し、戦時体制を強力に支える組織へと変えられてしまった。

（6）社会事業調査会『社会公共事業史』、一九四一年

新しい時代への期待

昭和二十年（一九四五）八月十四日、日本はポツダム宣言を受諾し、無条件降伏した。これまでの秩序は大きく崩れ、アメリカ軍の占領下での広汎な民主化が行われた。

日本の占領統治を担うことになった連合国軍最高司令官総司令部（ＧＨＱ）は日本政府に対し、婦人解放を命じた。これを受けて、衆議院議員選挙法の改正が行われ、二十歳以上の女性に選挙権、二十五歳以上の女性に被選挙権が与えられた。女性の全面的な政治参加が初めて実現したのである。昭和二十一年四月に行われた戦後最初の総選挙では、三十九名もの女性議員が誕生した。また、新たな女性団体が相次いで立ち上げられ、女子教育の刷新も進められた。

しかし、こうした女性をめぐる新たな動きの中に、万亀の姿はなかった。昭和二十年にはすでに七十四歳になっており、新しい時代に向かって力強く進む女性たちを静かに見守っていた。

その一方で、戦争遂行に協力した女性たちへの公職追放も行われた。万亀と同じく大日本婦人会の顧問となっていた吉岡弥生は昭和二十二年十一月に公職追放の処分を受けている。ただし、万亀自身は公職追放を受けていない。

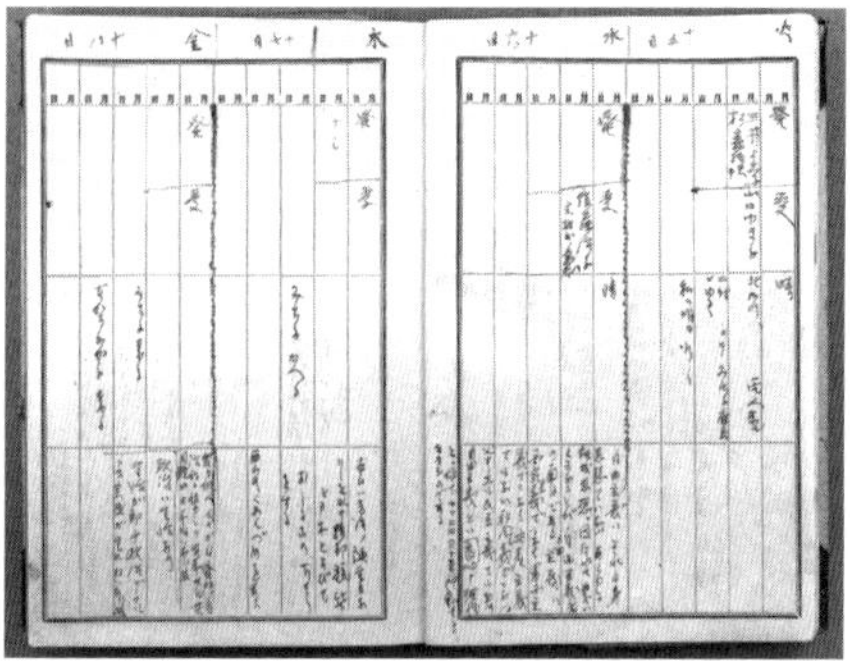

万亀の日記（中野家蔵）

万亀の政治思想

ところで、戦前の社会では女性の政治参加が制限されていたこともあり、万亀が自らの抱く政治思想を記したものはみつかっていない。しかし、戦後になると、秘かに政治に関する所感を日記に記している。

現在、万亀の日記で現存しているのは昭和二十一年（一九四六）の一冊だけである。この年は四月に戦後初の総選挙が行われた。国民が大きな期待を寄せる総選挙に向けて、戦前の抑圧から解放されたこともあり、さまざまな政治思想や政治活動が花開き、自由を謳歌《おうか》する一方で、理論や理想が先行した危ういものも多くみられた。こうした世相に対し、万亀は日記に強い懸念を書き記しており、それは一月に集中している。そのいくつかを紹介しよう。

まず一月十六日条には、自由主義はそれ自身は思想ではない。あらゆる既成観念にとらわれていないということが自由主義者の面目である。自由主義とは良心と理性によって行動することをいうのであると記している。

また、一月十八日条には、政治は生活である。政治がすなわち生活であるという実感が生れねばならぬと記している。同日条には、ひとりひとりが自発的に自治的に協力した共同体ができねばならぬとも記している。

そして、一月十九日条には、すべての人間の人間価値が尊重され、各自の個性が完成され、自律的な人格にならねばならぬ。それによって、社会的な自治と連

（7）前掲『田澤義鋪〜今につながる政治教育の〈源流〉〜』

帯と共同に立った広い社会道徳が成立する。こういう横の連帯性をもった日本の社会というものができないと、いわゆるデモクラシーに適合しないと思われると記している。昭和二十一年の一月に、万亀が戦後の解放感にひたり、浮き足立つ日本社会の中に危うさを見出していたことがよくわかる。

政治は理論ではなく、生活であるとの政治思想は、政治とは国民生活の向上であると説いた田澤義鋪《たざわよしはる》とまったく同じである[7]。しかし、こうした万亀の政治思想は、義鋪の単なる模倣ではない。地域の自治と連帯を担うことができる自立性と協調性を兼ね備えた人材の育成は、万亀が中野夜学会開設以来、一貫して行ってきたことである。幼い頃から、母縫《ぬい》を通じて身に浸み込ませてきた篤誠院《とくせいいん》の薫陶《くんとう》に源流があり、アメリカに滞在し、民主主義の風土を体感した夫権六、欧米の政治・経済制度に精通した弟鐵三郎の影響を受け、洗練させてきたものであろう。

死去

戦後、戦争遂行の温床となった寄生地主制を解体するため、徹底した農地改革が実施された。中野家も、近世から近代にかけて、代を重ねて形成してきた経済的基盤の多くを喪失し、自宅とその周囲の土地が辛うじて残された。

昭和二十一年（一九四六）四月十九日、万亀は、長崎視察を終え、熊本に向かう高松宮宣仁《のぶひと》親王を肥前飯田《いいだ》駅で見送った。その際、停車した列車内から、高松

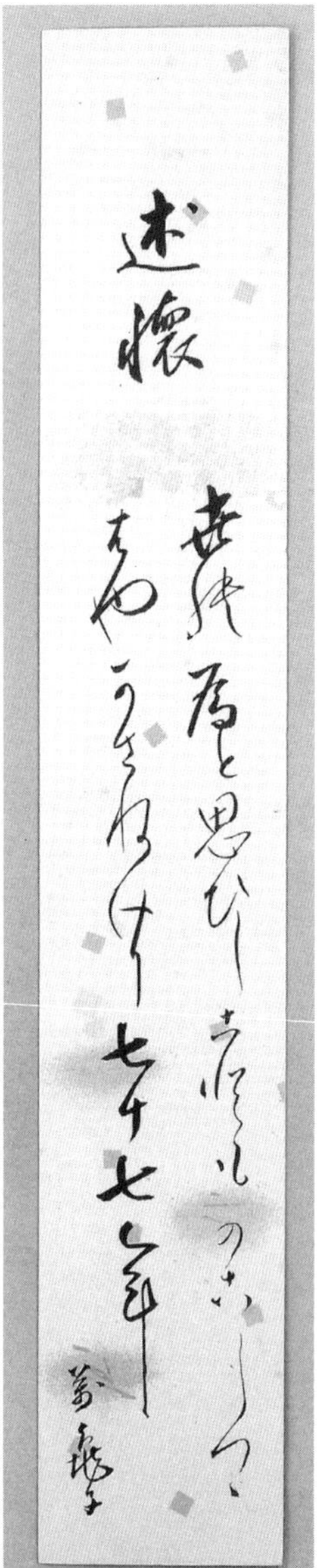

万亀和歌短冊（中野家蔵）

宮は万亀が毎年七浦から献上する素麺への御礼を述べ、体を労わる言葉をかけている。(8)

昭和二十三年、七十七歳になった万亀は、次のような和歌を詠んでいる。(9)

述懐

世の為と思ひしことものこしつゝ、はやかさねけり七十七年

中野夜学会を立ち上げた二十一歳の時から、地域のために駆け抜けてきた人生をようやく立ち止まって振り返れる時間に恵まれたのであろう。

昭和二十四年八月十七日、万亀が隠棲《いんせい》していた伊福はジュディス台風に襲われ、甚大な被害を受けた。その災害の傷跡が各所に生々しく残っていた二十一日に万亀は七十八歳の生涯を住み慣れた伊福の中野邸で閉じたのである。万亀は伊福を

（8）「（中野万亀）日記」中野家蔵
（9）中野家蔵

見渡す城崎《じょうさき》にある中野家代々の墓に葬られ、菩提寺である玉泉寺《ぎょくせんじ》で盛大に追悼会が催された。

田澤節子

戦後、第一線を退いた万亀に代わり、政治への全面参加を認められた後進の女性たちによる活発な活動がみられた。その一人が田澤義鋪の妻節子《せつこ》である。

節子は昭和九年（一九三四）に義鋪と結婚すると、家庭を守るかたわら、昭和七年に義鋪が設立した大成婦人会《たいせいふじんかい》で、女性と政治の関わりなどを学んだ。その後、昭和十九年に義鋪が死去すると、義鋪の故郷鹿島《かしま》に疎開した。

戦後、未亡人となった節子は、鹿島におけるみゆき会の中心人物として活躍した。みゆき会とは、夫と死別した女性の互助団体で、小城《おぎ》町で最初に発足し、その次に鹿島のみゆき会が結成された。そして、母子福祉運動などを推進したとされる。(10)

節子は鹿島町の母子連盟会長として、昭和二十六年に鹿島町会議員に当選する。自身も未亡人となっていた節子は、母子世帯生活資金貸付や授産場設置の条例制定に尽力し、終戦直後の女性たちの生活再建に奔走したのである。(11)

こうした自分の立場から、地域と関わり、よりよい地域づくりに貢献できる女性こそ、万亀が望み、育ててきたものであったといえる。

（10）前掲『さがの女性史』

（11）前掲『田澤義鋪～今につながる政治教育の〈源流〉～』

おわりに

明らかになった万亀の取り組みの全容

本書は、中野万亀《まき》という一人の女性に焦点を絞り、史料の発掘と分析を行ってきた。しかし、回顧録などは遺されておらず、万亀が心情を吐露し、行動の意図を説明したものはない。そのため、行動の軌跡から、万亀の意図を読み取らざるを得なかった。それでも、なんとか万亀のさまざまな取り組みの全容を初めて明らかにすることができたのではないだろうか。

篤誠院《とくせいいん》が鹿島《かしま》に根付かせた女性の教育力をもっとも色濃く受け継いだ万亀は、地域の現状と課題を的確に把握したうえで、目指すべき理想を描き、段階を追って実現していったのである。

明治二十五年（一八九二）に二十一歳で、中野夜学会《やがっかい》を開設し、その後、四十年間にわたって、地域における青年男性に対する教育を継続して行った。ついで明治四十四年には夜学生の妻を中心とする地域の女性たちを集めて、矯風会《きょうふうかい》（婦人会）を結成し、災害救護や地域ぐるみの子育て環境の整備を行った。万亀はこの両組織の根幹に、幅広い年代層が主体的に結集し、協調性を育むことを据えていた。夜学会の卒業生は夜学同窓会を結成し、そこは現役の夜学生と卒業生がともに交流する場であったし、婦人会は女子青年団と一体となっていた。現役世代とこれからの世代が一同に会し、お互いに刺激しあいながら、地域の活力を生み出し続けたのである。

このようにして、万亀は夜学会と婦人会の活動を通じて、それぞれの立場から地域と関わることができる自発性と協調性を兼ね備えた人材（＝地域づくりの担い手）を送り出す仕組みを段階的に実現し、豊かな地域社会を作り上げたのである。

夜学会で学んだ男性と婦人会・女子青年団で活動した女性の間に生まれた子供たちは、地域ぐるみの育児の中で健やかに成長し、義務教育を終えれば、男の子は夜学会、女の子は女子青年団に入り、その父母と同じように、多様な世代との交流の中で、主体性と協調性を身に付け、新たな地域の担い手として登場してくるのである。

このような構想力と実行力を兼ね備え、豊かな地域社会とその担い手を育て続けた女性は稀有な事例ではないだろうか。

近代を生き抜いた社会教育事業者の光と影

万亀が中野夜学会を立ち上げた時、国内に万亀が参考にできる事例はなく、家族と地域に支えられ、夜学生とともに、夜学会を一から作り上げて行ったのである。地域社会における黎明《れいめい》期の社会教育の担い手であり、夜学会は地域に着実に根付き、地域社会の指導者を相次いで輩出し、地域の誇るべき存在へと成長したのである。繰りかえしになるが、自主的で主体的な取り組みだったのである。

こうした青年男女を対象とした社会教育事業は、やがて地方改良運動や恐慌後の農村再建運動の中で重要な位置づけを得て、官民一体の事業となっていく。地道な社会教育事業が評価された点では好ましかったが、中央に吸い上げられた後に、今度は各地に推奨され、時には強制されるものへと変わってしまったのである。ここには地域の主体性・自主性はなく、通達に従って義務的に行う官製組織へと変わってしまったのである。

万亀が晩年に行った中野家庭寮《かていりょう》にも、その傾向が色濃く表れている。中野夜学会にみられた、地元がより魅力ある地域になるための有為な人材になりたいという自発性ではなく、国家が求めるこのような女性になりなさいという型に嵌《は》められているのである。

万亀は地域における社会教育事業の黎明期、発展期、統制期のすべてを体験している。黎明期の指導者としての高い評価を受け、統制期における全国組織の幹部になり、名声を博したが、内心では自らの初志と地域の主体性が蔑《ないがし》ろにされることにどのような感情を抱いていたのだろうか。

万亀の評価

さて、伊福《いふく》に在住していた時期の万亀は、地域を育て上げる先駆的な指導者であった。しかし、晩年の万亀は、女性とその子供たちを戦争へと駆り立てた官製婦人団体の全国的な指導者でもあり、戦争遂行体制の歯車でもあった。

これは、史料の発掘と分析の次にくる評価の問題である。私たちは本書を通じて明らかになった事蹟を踏まえたうえで、万亀をどのように評価すべきであろうか。この問題は、本書の読み手に委ねるが、戦時期を生きた人間は、誰であれ戦時体制との関わりを持っていた。反戦の立場を明確に公言した人間のみが評価される傾向、あるいは戦時体制に組み込まれたさまざまな組織が設立当初から戦争に協力するための組織であったと決めつける傾向はないだろうか。

例えば、官製婦人団体は、国―県―市町村の系統組織となっており、全国組織の指示を上意下達して、末端まで徹底させるものであった。しかし、末端の市町村の婦人団体に着目すると、国や県と一緒の時期に初めて設立されたものもあれば、すでに設立されていたものが組み込まれたものもある。

注目すべきは、すでに地域の女性たちが自らの地域の抱える課題を主体的に解決するために設立していた団体である。万亀が設立した伊福の矯風会（婦人会）はまさにその好例である。

こうした主体的に設立された婦人団体、あるいはその設立に漕ぎ着けた女性たちは、地域の教育力が世代を重ねて育んだ知性と主体性の結晶であり、佐賀の誇るべき歴史性を体現する存在といえるのではないだろうか。

鹿島の文化風土が生み出した万亀

本書は、万亀のいわゆる偉人伝ではない。万亀の業績を誇るのではなく、万亀を生み出した文化風土や日本近代史の中に万亀を位置づけることを心懸けた。

まず、文化風土であるが、万亀は生まれながらの偉人であったわけではない。本人の優れた資質もあったが、より大きなものは、篤誠院が鹿島に根付かせた人材を養成する力、すなわち地域の教育力によって育まれたのである。教育の振興は幕末期に全国でみられるが、その対象はほとんどが男性である。しかし、篤誠院は、妻として夫を支え、母として子供を薫育する女性に対する教育にも意を砕いていた。その薫陶《くんとう》は、縫《ぬい》から万亀に受け継がれたように、家庭の中で母から娘へとしっかりと引き継がれたのである。これは鹿島の誇るべき文化風土である。

次に、日本近代の大きな歴史の流れの中に万亀を位置づけることができるのは、子孫が大切に管理してきた良質な史料に恵まれているからである。それによって、客観的な検証に耐えうる叙述が可能となり、万亀の行った取り組みの意義の共有化につながるのである。これによって、将来、万亀自身とその取り組みの意義がより評価される時代が来るのでないだろうか。

中野万亀を主人公とした本書が、こうした佐賀の風土と文化が育んだ、忘れ去られた女性たちの姿を掘り起こす一助となれば幸いである。

なお、最後になるが、現在の地域社会は急激な人口減少と交通インフラの衰退に直面し、将来に対する悲観的な意見が散見される。しかし、これからの地域社会づくりのために声をあげ続けられるのは、その地域に住む住民ひとりひとりである。地域住民が主体的に地域社会づくりに参画するには多くの課題と制約があるが、最大の問題は主体性であろう。このように地域社会が深刻な課題に直面している時代だからこそ、主体性と協調性を身に付け、地域社会に積極的に関わる人材を育て続けた万亀を知り、そして学ぶことに大きな意義があると信じている。

■中野万亀略年表

和暦	西暦	年齢	事項
明治五年	一八七二	一	七月、田中馨治・縫の長女として生まれる。
明治十八年	一八八五	十四	三月、高津原小学校卒業。
明治二十一年	一八八八	十七	四月、佐賀県尋常師範学校女子教員養成所入学。
明治二十三年	一八九〇	十九	四月、佐賀県尋常師範学校女子部第三学年編入。
明治二十四年	一八九一	二十	三月、佐賀県尋常師範学校女子部卒業。 四月、佐賀県師範学校附属小学校訓導就任。
明治二十五年	一八九二	二十一	四月、中野権六と結婚。 十二月、中野夜学会を開設。
明治二十六年	一八九三	二十二	四月、多良尋常高等小学校訓導就任。
明治三十八年	一九〇五	三十四	二月、愛国婦人会佐賀支部幹事就任。
明治四十四年	一九一一	四十	二月、伊福婦人矯風会結成。
大正三年	一九一四	四十三	四月、七浦村連合婦人会結成、会長就任。同月、七浦村処女会結成。
大正十年	一九二一	五十	六月、中野権六死去。
大正十一年	一九二二	五十一	三月、伊福区主婦会結成。
大正十二年	一九二三	五十二	五月、七浦村婦人会結成。
大正十五年	一九二六	五十五	三月、救護班結成。
昭和三年	一九二八	五十七	女子青年団夜間読書会開催。

昭和五年	一九三〇	五十九	六月、伊福区農繁期託児所開設。佐賀県連合婦人会評議員・藤津郡連合青年婦人会副会長就任。
昭和八年	一九三三	六十二	十二月、大日本連合婦人会理事就任。
昭和十年	一九三五	六十四	三月、中野万亀子先生頌徳碑除幕式。 十二月、第一回中野家庭寮開設。
昭和十二年	一九三七	六十六	二月、第二回中野家庭寮開設。 六月、大日本連合婦人会常務理事就任。
昭和十四年	一九三九	六十八	五月、大日本女子青年団理事就任。
昭和十七年	一九四二	七十一	二月、大日本婦人会顧問就任。
昭和二十四年	一九四九	七十八	八月、死去。

あとがき

中野万亀を初めて知ったのは、近代鹿島で生み出された漢詩文集や和歌集・俳書をまとめて、「近代鹿島の地域文学資料」というコレクションにまとめる過程であった。鹿島藩最後の藩主鍋島直彬の妻藹子の米寿を祝う賀集『寿帖』をめくっていくと、漢詩文を寄せるたった一人の女性に出会った。この女性はどのような人なのだろうかと関心を持ち始めた折、図書館を訪ねてこられたのが万亀の孫にあたる中野高治氏であった。普段は東京にお住まいで、時折伊福に帰ってきておられた。親しくお話させていただき、ご自宅にある史料の調査を快くお許しくだされた。また、ご子息の高通氏には、高齢の高治氏の代わりに、ご自宅での史料の捜索に立ち会っていただき、さまざまなお話を聞かせていただいた。こうした中野家の方々の温かいご協力により、万亀が単なる漢詩文人ではなく、地元伊福においてさまざまな社会教育事業に取り組んでいることが断片的にわかってきた。

その後、『〈再発見〉鹿島の明治維新史』、『鍋島直彬と鹿島の蔵書文化』、『田澤義鋪～今につながる政治教育の〈源流〉～』を執筆したが、そのいずれにおいても、万亀の事蹟を挙げて紹介してきた。また、佐賀城本丸歴史館が編纂した「佐賀県人名辞典」においても、万亀の執筆を担当した。

そうしたある日、いつものようにご自宅で史料の捜索をしていると、中野夜学同窓会の「沿革史」「行事録」、七浦村婦人会の「婦人会概覧」などがまとまって見つかった。これらの史料で、初めて万亀の活動の全容を知ることができた。

現在、地域社会は人口減少をはじめ深刻な課題に直面し、魅力と活力のある地域社会づくりが求められている。そうした現在だからこそ、中野夜学会と婦人会を両輪として豊かな地域社会を築き上げていた万亀を知り、あるいは学ぶことに意義があるのではないか。佐賀大学地域学歴史文化研究センターの伊藤昭弘教授にご相談したところ、ご好意により、「佐賀学ブックレット」の一冊として、刊行する機会をいただくことができた。

令和五年は、中野家住宅第一回利活用事業として、万亀が夜学会を行っていた部屋で、万亀の事績を学ぶワークショップを実施した。また、万亀が作詞・作曲した「七浦民謡」をＮＰＯ法人中村與右衛門屋敷が「肥前七浦自慢」として復刻し、各所でお披露目された。

万亀への関心が高まりつつある時に、本書を刊行することができるのは望外のよろこびである。本書の執筆・制作にご理解・ご協力いただいた多くの方々に厚くお礼を申し上げます。

令和五年十二月吉日

高橋研一

高橋研一（たかはし・けんいち）
1980年生まれ。鹿島市民図書館学芸員。
佐賀大学地域学歴史文化研究センター特命研究員

【主要編著】
『〈再発見〉鹿島の明治維新史』（鹿島市、2018年）
『鍋島直彬と鹿島の蔵書文化』（鹿島市、2018年）
『田澤義鋪～今につながる政治教育の〈源流〉～』
（共著、鹿島市民立生涯学習・文化振興財団、2021年）

佐賀学ブックレット⑪
中野万亀《なかのまき》　女性《じょせい》がつなぐ人材育成《じんざいいくせい》の系譜《けいふ》
2024年3月20日　第1刷発行
■
著者　高橋研一
発行者　佐賀大学地域学歴史文化研究センター
〒840-8502　佐賀市本庄町1
電話・FAX　0952（28）8378
■
制作・発売　有限会社海鳥社
〒812-0023　福岡市博多区奈良屋町13番4号
電話　092（272）0120　FAX　092（272）0121
http://www.kaichosha-f.co.jp
印刷・製本　大村印刷株式会社
［定価は表紙カバーに表示］
ISBN978-4-86656-159-2